10人以下小团队管理手册

[日] 堀之内克彦·著

程雨枫·译

部下の力を引き出す 10人までの人使い

ほりのうち かつひこ

北京联合出版公司

前　言

大学毕业之后，我曾先后在本田技术工业公司和索尼公司就职，从事过人力资源、劳务、市场营销、经营管理等工作。1991年，我以社会保险劳务师的身份自立门户，创办了一家人力资源咨询公司。

创业以来，我接手处理了很多与中小企业和中坚企业的人事、劳务相关的业务。从这个意义上讲，我称得上对大企业及中小、中坚企业的人事、劳务问题都曾经有过深入的接触。

从过去供职于大企业到如今独立创业的这些年里，我结识了许多管理者和经营者，倾听过他们的种种烦恼，也帮助他们解决了各种困难。

从这些经历中，我发现了一个现象：不会用人的管理者和中小企业经营者实在是太多了。甚至一些当了多年管理者或者经营者的人也会为此感到困惑，他们经常会问自己或者问别人以下这些问题：

"我应该怎样用人？"

"如何提高下属的工作热情？"

"我现在到底是不是一名合格的管理者（经营者）？"

就连从事多年管理工作的人都想不明白这些问题，新晋主管和小型企业的负责人自然更会为如何用人而苦恼。

我的另一个发现是，要领导好人数较少的小团队最考验主管的用人能力。

无论大企业还是中小、中坚企业都有这个现象。当一名主管要领导三五十名下属时，基层员工和这名主管之间必然会存在中层主管。

这些中层主管的任务是在业务最前线带领团队前进，而他们就是最为用人费尽心思的人。

本书正是为了这些奋斗在第一线的主管们写的。

首先，第1章明确了主管应尽的职责。

第2章列举了主管的具体工作内容，着重对制定计划、目标管理和员工评价这三个方面进行说明。

第3章和第4章分别介绍了如何提高下属的工作热情，以及如何成为一名善于培养下属的主管。

最后，第5章简单说明了如何运用FFS理论（性格分析与组织人员编排法）了解每名下属适合做什么工作，以及如何据此分派工作。

本书内容主要针对企业内直接下属在 10 人以下的管理人员编写而成。这里所说的"直接下属在 10 人以下的管理人员"，在实际工作中应该相当于大企业的项目团队管理者或者中小企业的部长、课长们。

此外，在如何用人和如何提高员工干劲等问题上感到困惑的小公司的负责人，也能够从本书中获得行之有效的技巧和灵感。

通过阅读本书，主管们可以领悟到自己在用人上的不足之处，找出最大限度激发下属潜力并提高团队业绩的方法。

衷心希望本书能够成为所有小团队主管的用人宝典。

堀之内克彦

目 录

前 言

序 章 为用人而苦恼的小团队主管们

第 1 章 主管的职责是什么

主管：通过下属实现经营者的目标的人 2

认清自己的"职责" 6

道不同，不相为谋 9

主管不是传声筒 13

"公司的问题"，找主管的原因 17

领导力培训讲座 1：走出低谷，迈向成功 22

第 2 章 主管的工作这样做

主管的四项工作 24

工作最拼的人不适合当主管 28

用人要看能力和意愿　31

每个人都要定目标　34

"目标管理"分三种　38

目标就是必须完成的"定额任务"　42

将"团队力"发挥到极致　46

公司目标与个人目标要一致　50

目标要随时调整　54

眼光放长远，心态放平和　58

提前察觉"中间事项"，立即采取补救措施　61

支援下属提高干劲和自信　65

表明对下属的期待　69

评价下属要基于"事实"　72

让下属自己汇报成绩　76

没有下属会百分之百认同主管的评价　79

目标制定、指导和评价的6个月周期　83

领导力培训讲座2：养成思考的习惯　92

第 3 章　点燃下属的工作热情

为什么大家都爱打高尔夫　94

通过倾听提升下属的工作动力　97

"通过激发竞争意识提升工作动力"的误区　101

当下属抱怨"工资太少"时　105

主管要谈梦想和愿景　109

影响下属的潜意识　112

通过记日记变成"理想中的自己"　116

领导力培训讲座 3：把金钱和时间投资给自己　120

第 4 章　主管的心胸和气魄

首先从改变自己开始　122

"人气主管"的必要条件　124

教会下属做"工作能人"，而非"公司人"　129

下属不是客户的奴隶　132

"责任我来负"的真正含义　134

用人的根本是"发自真心地为下属着想"　136

想讨下属喜欢，反倒让人退避三舍　138

不要批评，要发火　140

下属遇到困难时主管就要显身手　144

怎样和女员工打交道　146

了解并支持下属的人生规划　148

告诉下属将来社会需要什么样的人才　150

是上班族就会有不满　152

教给下属工作与幸福的方程式　155

领导力培训讲座 4：练就好气质，抓住好运气　158

第 5 章　了解 FFS 理论，打造最强团队

通过 FFS 理论激发下属强项　160

用 FFS 理论掌握下属的性格类型　163

不同类型下属的压力管理要点　170

四种类型组合出最强团队　176

案例：提高团队战斗力的用人技巧　183

出版后记

序　章
为用人而苦恼的小团队主管们

◆ 小团队和大公司

如今市面上随处可见大量的有关育人、带人和用人的管理培训类书籍。市场反应需求，可见受这类与用人有关的问题困扰的主管和上司有多么多。

何谓用人？

对于身居主管职位的人来说，这是个永恒的话题。

在不同的环境中，主管的工作内容真是千差万别。

第一次当主管的人，手下的员工一般最多不会超过10人。企业内部中层以下的管理者所领导的下属大多也都在

10人以内。

与统领几十人乃至几百人的大公司领导者相比，10人以下小团队的主管需要完全不同的用人和带人的方法。

在几十人、几百人的大公司中，主管最重要的工作是决策与判断。

这些主管应该关注的是，每一名下属是否尽到了他应尽的职责，以及每名下属的工作能力如何。

如果这些方面不够尽如人意，主管应该考虑的是采取措施来改变组织体系或者调整培训制度等。

在这些过程中，每一名下属的性格特征并不是特别重要。另一方面，下属们也不会太在乎主管的性格特征，而是更为关注他针对公司的体制或制度的想法，或者他所做出的决策。

然而，在10人以下的团队，情况就完全不同了。

在由少数人组成的团队中，成员们每天抬头不见低头见。

下属在主管的眼皮底下工作，主管的一举一动也都被下属看在眼里。

所以，10人以下小团队的主管会对每一名下属提出各种各样的要求，总会感到不够满意，而下属们对主管的要求和不满则更多。

◆ 对主管的不满如山高

我曾经为许多公司出谋划策，帮助他们进行内部改革。有一次，我召集了某个公司的几名员工，请他们谈谈对现任管理者的看法。

结果，我听到了很多严厉的批评，比如：

"无能。"

"缺乏决断力。"

"和下属抢功劳。"

"下属遇到困难时不给予帮助。"

"指示不够明确。"

"把公司的目标全盘抛给我们。"

"对下属的评价不够公正。"

"不告诉我们公司的发展路线。"

"喝酒时总说公司上层经营者们的坏话。"

"对上司和对下属的态度不一样。"

"光会说漂亮话，没有实际行动。"

说到最后，甚至有人提出了这样的意见，认为"那家伙根本不行，就该被踢出管理层，让他去干体力活"。

作为咨询师，我需要听到员工们的真心话，所以很欢迎他们诉说对主管的不满。然而他们的主管本人却丝毫没有察觉到下属对自己竟然如此不满。

另一方面，在听取了主管的意见之后，我发现主管对下属也有很多怨言。

双方在彼此互相评价时，往往会将对工作的评价和判断与对个人性格的评价混为一谈，并且还会过度放大对方的缺点。因此，10人以下小团队的主管经常会为如何用人而烦恼，为如何调动下属的积极性而一筹莫展。

◆ 小团队要怎么管

如此看来，主管很不好当。不过，如果下属们对主管怨声载道，主管也对下属心存不满，那归根结底只能说明还是主管没有适当地管理好下属。

也就是主管在用人方面做得还不够理想。

那么，怎样才能管理好下属呢？

从前面列举的下属们的怨言中可以看出，下属希望主管既要具备作为值得尊敬的前辈所应有的人格魅力，还要具备带领团队干出成绩的工作能力。

这样的话，10人以下小团队的主管就需要首先摆正自己作为公司一员的定位，充分了解下属的性格特点和情绪变化，培养他们不断地成长。然后，主管还要建立起能够带领团队取得业绩的机制，同时也要提升自身的能力。

接下来我就在后面的章节详细介绍"10人以下小团队主管"所需要掌握的工作技巧和思维方式，并通过具体事例阐述一些主管不会用人的原因。

第1章 主管的职责是什么

主管：通过下属实现经营者的目标的人

◆ 明确自己的职责

何谓主管？

首先我们必须对主管的本质进行定义。如果定义模棱两可，每个人对主管的理解各有不同，大家就会不知道自己应该做些什么。

在本书中，我将主管定义为"通过下属实现经营者的目标的人"。

请看右页这幅图。

纵向从"做什么工作"的角度，将工作分为"实现经营者的目标"和"完成具体业务"两大类。横向从"谁来做"的视点出发，分为"自己做"和"让下属做"两类。

其中，"完成具体业务"指的是日常的实际工作和业务操作，程式化的内容相对比较多。

谁来做什么工作？

	负责经营的专业人员	管理者（主管的本职工作）
实现经营者的目标		
完成具体业务	业务员	监督者
	自己做	让下属做

做什么工作？

主管根据自身能力特点决定侧重哪一部分

中间区域：业务执行者、管理者及其他 —— 新一代主管的工作模式

谁来做？

主管不只负责统领下属。
实现经营者的目标才是主管的职责！

与劳心费神的工作内容更多的"实现经营者的目标"相比,"完成具体业务"大部分需要体力上的付出。

"完成具体业务"的工作由"自己做"的人是"业务员","让下属做"的则是"监督者"。

◆ "让下属做",才能算主管

"实现经营者的目标"就是考虑如何实现或者接近经营者心中的理想或愿景,有时可能还需要和经营者一起构思这个理想或愿景。

"自己做"这项工作的人是"负责经营的专业人员"。在企业内部,这部分人包括经营战略部、经营企划部或总经理办公室等部门的专业员工。在企业外部,经营咨询师则是典型的从事这类工作的人。

而通过"让下属做"来"实现经营者的目标"的人就是主管。一般所说的组长、课长和部长都是主管的典型代表。

在只有5~10人的小规模企业里,总经理通常就是主管,"实现经营者的目标"就是"实现自己的目标"。

本书写给上述所有相当于主管的人们,要解决的问题便是"如何通过下属实现经营者的目标"。

不是"自己做",而是"让下属做",这是所有的管理者,也就是主管们的工作的特点。用人不是一件容易的事,但绝对是一项值得掌握的技术。

认清自己的"职责"

◆ 主管负责的业务工作越来越多

我将主管定义为"通过下属实现经营者的目标的人",但根据企业实际情况的不同,主管的职责也存在着千差万别,不能一概而论。

例如在中小企业,主管也必须承担自己的那一部分业务工作。毕竟中小企业没有那么多管理工作,企业一般也养不起只做管理工作的主管。

不论是在大企业还是在小企业,主管如果不亲自做一些业务工作,就会缺乏对现场的判断力和感知力,无法对下属做出恰如其分的指导。再者,如果不以身作则,也调动不了下属的积极性。

随着组织结构的扁平化,中老年员工所占比例越来越大,最近主管负担的业务工作有日益增加的趋势。也就是说,主管只需做好主管的本职工作的时代已经一去不复返。如今,主管要在完成自己的业务工作的同时担负管理的职责,这种趋势在课长级别等初级管理者中尤为显著。

◆ 管理津贴,为"管理"而付

现在我们再来看看前面的"谁来做什么工作"这张图。

位于图中央的"业务执行者、管理者及其他"所代表的就是新一代主管的工作模式。

为了便于读者理解,我将它放在了四类工作的正中间。但在实际上,它的定位取决于企业各自的不同方针,需要根据部门和岗位的性质,或者根据主管自身的性格和能力特点的不同来做具体判断。

而且,主管对自己的工作定位与上司或者经营者对他的工作的定位之间也经常会存在一些出入。

为了减少业务上不必要的混乱,消除人事考核中的潜在问题,主管需要首先确认企业对自己的工作的定位。

也就是说,在管理者、负责经营的专业人员、监督者、业务员这四个角色中,主管应该弄清楚企业希望自己更侧重哪个角色的职责。

不过话说回来,主管的本职工作依然是图中的右上角的部分,也就是"通过下属实现经营者的目标"。

这项专属于主管的工作是作为管理者必须完成的工作。企业的管理津贴或者职位津贴原则上就是为这部分"管理的工作"而发的。

如果只专注于"自己的工作",把大部分的时间和精力都用在具体业务上而疏忽了让下属做的工作,那就没有尽到一名主管的职责。

即使做到了安排下属完成具体业务,但却对经营者的目标能否实现漠不关心,那也不能算是一名称职的主管。

做一名称职的主管,首先要明确企业对自己的定位,履行自己应尽的职责。

➡ 道不同，不相为谋

◆ 你能认同经营者的价值观吗

我将主管定义为"通过下属实现经营者的目标的人"。

这里的"经营者的目标"中包含了经营者的人生观和为人处世的哲学，也就是"经营者的价值观"。主管必须充分理解"经营者的价值观"。

尤其是中小企业，在很多情况下，"经营者的目标"就等于"公司的经营理念和方针"。如果经营者的价值观与主管的价值观相差甚远，那么两者在经营的理念和方针上也会产生分歧。这样一来，主管就无法为公司做出贡献。

如果无法认同经营者的价值观，或者认为它与自己的价值观截然不同，那么就不应该担任这家公司的主管。

不认同经营者的价值观，而按照自己的价值观开展工作，相当于拿别人的钱（经营者或者公司的钱）随心所欲地做自己的事。对这种行为，称之为对公司的背叛也言不为过。

这样的人，无论是为了公司，还是为了自己，都应该马上辞职离开。之后，或者寻找一家符合自己的价值观的公司，或者干脆自己来创业。

◆ 价值观优先于业绩

只凭业绩好坏来评价员工是中小企业的经营者们常犯的一个错误。即使这个员工与自己的价值观截然不同，只要取得了好的业绩，就对他赞扬嘉奖。

请看右页这幅图。

对于经营者来说，价值观与自己一致、业绩又好的员工是最理想的。反之，经营者最不喜欢的，是价值观与自己不合、业绩又不好的人，这样的员工对公司没有任何价值。想必大家对这两点没有任何异议。

问题在于，如何评价业绩不好但价值观一致的员工和价值观不合但业绩好的员工。假设员工 A 属于前者，员工 B 属于后者。出于某些原因，现在不得不辞退其中一人。这时，你会留下谁呢？

大多数经营者都会选择留下员工 B。遇到有才干又有业绩的员工，经营者总是不由自主地想把这样的人留在身边。

然而，成功的经营者会剔除与自己价值观不一致的人，

价值观与业绩矩阵

员工 A 和员工 B，谁是公司想要的员工？

	是否认同公司的价值观	
	不认同	认同
业绩好	员工 B？	◎ 优秀的员工
业绩不好	✗ 不需要的员工	员工 A？

（业绩情况）

> 很多人认为员工 B 更好一些，但其实员工 A 才是更为理想的人选

业绩好的员工未必都有益于公司

即使他是个人才。正因为这种人能力强、影响大，所以总有一天会拖自己的后腿。就算短期之内相安无事，但是过了3年乃至5年就一定会出现问题。

相比之下，员工A虽然目前没有做出成绩，但他因为持有与公司一致的价值观，因此会很愿意为公司做贡献。这样的人具有今后成长为对公司有用的人才的潜力。也可以把他调到其他部门，或许就能发挥才干。

摸清下属的价值观也是主管必不可少的一项能力。

对于一项事业来说，做什么事很重要，和谁一起做也很重要。想为人们带来什么样的变化、想解决哪些问题、想为社会做何等贡献，公司上下一致的价值观才是取得成功的关键。

对于主管来说，能否和经营者共享价值观就是如此重要的一个问题。

➡ 主管不是传声筒

◆ 经营者的话要先"消化"再传达

经营者说话常常需要站在俯瞰全局的高度，通观公司整体的经营思路，因此有时难免过于抽象。而且经营者说的话往往关系到销售、生产、行政等多个部门，因此也经常缺乏具体内容。

有的主管会把经营者的话原封不动地转达给下属，可这就等于没有尽到主管的职责。如果直接传话就能解决问题，还不如把原话用录音机录下来，直接放给员工听倒还更省事。

主管要做的，是根据自己所带团队或部门的实际情况及职能，将经营者的话翻译成更为具体的内容。

例如在一家制造行业的公司，总经理下了一道命令："让销量翻番。"身为主管，自然不能直接转告下属"让销量翻番"。

主管要做的是，考虑怎样才能使销量翻番，再用具体的语言指挥下属行动起来。

首先，要想出一个完成任务的具体方案。比如重新整理客户名单、挖掘潜在的客户群体、掌握各地区的市场环境、探查竞争对手的动向、回顾曾经出过的问题等。然后，还要把这些工作分配给每个人，让下属明确谁负责什么工作。也就是说，主管必须先吃透经营者的话，然后再传达给下属。

如果手下有优秀的人才，也可以让他来设计实现销量翻番的方案，但是如果让所有下属都来"考虑销量翻番的方案"，那就等于主管又变回了单纯的传话筒。

◆ 为什么公司需要主管

在公司里，为什么需要设立主管的职位？

因为如果顺其自然而不做管理，业务就做不起来。

例如在刚成立不久的小规模的公司，只依靠家族经营就可以开展业务，老板的想法能够直接传达给每一名员工。他一个人就能掌控好整个公司，因此没有必要特意设立主管的职位。

即使这家公司的规模以后越来越大，只要下属能力很强，所有人都能认同经营者的价值观，谁也不出乱子，自然仍旧不需要主管。然而，这样的公司在现实中是不可能存在的。

随着规模逐渐扩大，公司就需要有人来领会并传达总经

主管在"销量翻番"任务中的职责

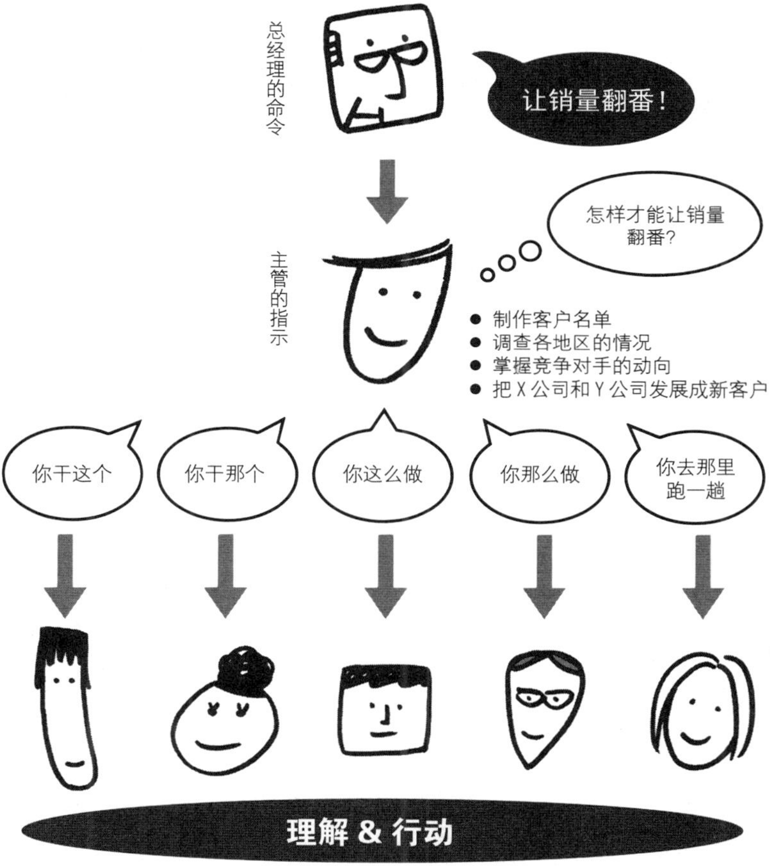

总经理的命令：让销量翻番！

主管的指示：怎样才能让销量翻番？
- 制作客户名单
- 调查各地区的情况
- 掌握竞争对手的动向
- 把 X 公司和 Y 公司发展成新客户

你干这个 / 你干那个 / 你这么做 / 你那么做 / 你去那里跑一趟

理解 & 行动

如果下属没有行动起来，说明主管还没有尽到职责

理的想法，并以更具体的形式进行管理。这个人就是主管。

反过来说，因为听之任之而不加管理会出现问题，所以公司需要主管。

主管的职责就是根据每一名下属的能力水平来解释经营者的想法，活跃在现场，带领团队实现目标。

➡ "公司的问题",找主管的原因

◆ 原因型问题与结果型问题

公司里的问题大致可以分为两种:一种是以结果的形式出现的,另一种是以原因的形式出现的。

例如,加班过多、连续几个周末不能休息,这是由生产效率低下引起的问题。假如能在规定的上班时间内完成生产目标,就不需要晚上和周末加班了。

在这个例子中,"生产效率低下"是一个原因型问题,它导致了"加班过多""周末不能休息"等结果型问题的产生。

解决这一系列问题,要先从原因部分入手,也就是要解决"生产效率低下"的部分。需要检查团队的工作流程是否不畅、是不是在做不必要的工作,比如制作其实用不到的资料等,以及优秀的人才是否没有得到培养,或者团队内的沟通与合作是否出了问题等等。

如果无视根本原因,只是一味地增加人手或者支付加班费让员工加更多的班,则解决不了任何问题。这种治标不治本的做法只会增加劳务费用支出，让公司的赤字越来越严重。

◆ 遇到问题先自问

思考公司内出现的问题时，必须剖析"原因性问题"的根本所在。而剖析到最后往往会发现，大多数问题都要归结于主管没有起到应起的作用。

"生产效率低下"归根结底源于主管的管理不当。或者是没有下达适当的指示，导致下属没能在上班时间内完成工作，或者是高估了下属的能力，这些都是由于主管工作的纰漏而造成的。

还有一些情况是主管下达指示的方式存在问题。比如，只说该做什么就无法激发出下属的工作热情。

除了做什么，主管还要说明为什么这么做和这么做的意义，这才是精确的指示。没有计划和目的的临时命令无法为下属提供工作的动力，生产效率自然上不去。

剖析根本原因时可以使用《因果关系分析表》。

这张表上列举了某家公司的管理者们选出的10个"尤为重要"的问题。填写时，标上原因→结果的箭头，用数值1～3表示影响程度的轻重，最后加以统计。原因栏里数值最大的问题就是引发公司诸多问题的根本原因。在这家公司,只要"问题10. 管理者没有起到作用"这个问题得不到解决,就不可能解决"加班多""员工流动性大""薪酬制度不公平"等其他问题。

作为一名接触过各种各样的企业问题的经营咨询师,我敢说绝大多数问题的原因都出在主管身上。

如果主管的管理不当,经营方针就无法落实到基层员工,团队合作也会出现摩擦。下属的能力得不到提高,拢不住客户,业绩自然提不上去。

在叹息公司没有方针、上司不够优秀或者下属能力太差之前,主管应该先扪心自问:我自己是否尽到了一个主管应尽的职责?

如果感到目前的公司有问题,那么在考虑改变下属之前,必须先改变自己。

要明白,主管就是一个这么重要的角色。

因果关系分析表
～剖析某公司内部问题的根本原因～

填写方法

在表格左侧列出公司内部的 10 个问题（不分先后顺序）。如果问题 1 是由问题 2 造成的结果，且对结果的影响为 2 级（根据影响大小填写数值 1～3），则填写 ②。重复这一操作，直到把右侧的空格填满。

问题
1. 劳动时间过长，难以请假
2. 各种信息混杂在一起，有用的信息传达不到位
3. 管理者的职责划分不清晰
4. 不推荐其他人加入这家公司
5. 基层员工不了解公司的方针
6. 员工的流动性太大
7. 薪酬制度不公平
8. 很多员工不遵守时间和期限
9. 人才得不到培养
10. 管理者没有起到作用

分析方法

依照右上角的计算方法统计问题 1～10 的结果数值和原因数值。原因数值最大的问题就是根本原因。只要作为根本原因的问题还在，其他问题就很难解决。

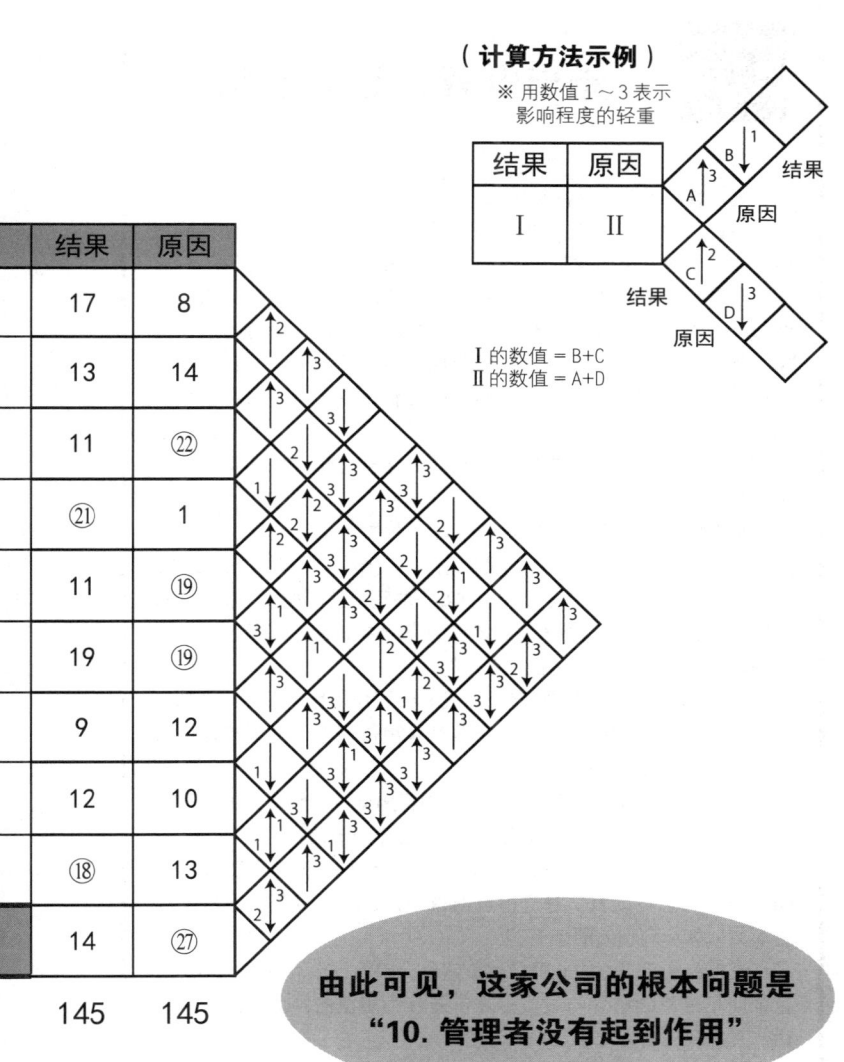

由此可见，这家公司的根本问题是"10.管理者没有起到作用"

走出低谷，迈向成功

当主管的人，想必都经历过一两次低谷。

"看什么都烦""没有自信""谁也不想见"……陷入这种情绪时该如何应对？下面我来讲一讲自己的看法。

随着经济不景气、人口老龄化等问题的加剧，经常听到人们感慨日子过得越来越艰难。但我认为，纵观古今，再没有比当代日本人活得更幸福的了。生活再困难也不至于饿肚子，做自己喜欢的事情也可以维持生活。在人类的历史长河中，只有极小概率的人能做到这些。只要把"活在当下"视作一个奇迹，就不会在乎日常工作中那些小小的失败和挫折了。这样一想，你不觉得自己是一个很幸福的人吗？

有兴趣的人可以读一读曾经畅销一时的《如果世界是100个人的村庄》(池田香代子著，吴佩俞译，新疆人民出版社，2002年)，读了这本书之后就会明白"知足"的重要性。如果不懂得"知足"，整日被束缚在与他人的比较和竞争之中，便永远得不到心灵的平静。要牢记，自己是独一无二的。

如果这样还不能振作起来，那就需要好好休息。很多问题都可以由时间来帮我们解决。如果一味陷入消极情绪，就很难走出低谷，事态也不会向好的方向转变。

世上有数不尽的事情是即使考虑得再周全也不会尽如人意的。

相声演员兼电影导演北野武曾说过这样一句话：

"我之所以对自己的表演有信心，是因为我比别人更容易受伤，我的心思更细腻。对于相声演员来说，容易受伤就意味着能更深刻地体会到别人的感受。"

没想到威震四方的北野导演竟然也会因为小事而受伤，不过这也证明了细腻的心思与过人的才华是互为表里的。北野武的这句话一直是我的动力源泉。

第 2 章 主管的工作这样做

➡ 主管的四项工作

◆ 两大支柱："业务管理"和"员工管理"

理解了经营者的目标和价值观之后，主管的工作才算真正开始。如后文的图表所示，主管的工作大体分为"业务管理"和"员工管理"（即对工作本身的管理和对人的管理）两大部分，具体还可以细分为"制定方针""推进业务""掌控下属"和"协助领导"等四项内容。

在大企业里，相当于组长级别的初级主管或许还不太涉及"制定方针"和"协助领导"的工作内容，但小公司的主管通常要负责所有这些工作。

这些工作的基础是"经营者的目标"，如公司的基本理念和基本方针等。主管的职责就是以此为基础在日常工作中推动"PDCA 循环"，即"计划 PLAN →执行 DO →检查 CHECK →纠正 ACTION"。

主管的四项工作

以"经营者的目标"为基础推动 PDCA 循环

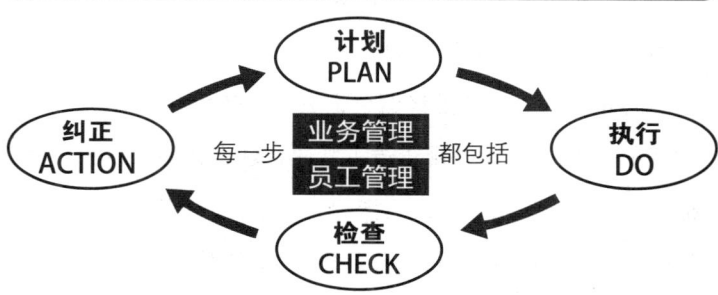

"业务管理"和"员工管理"的具体内容是什么?

业务管理	制定方针	制定公司的基本理念和方针
		制定部门运行的基本方针
		制定各部门的年度经营计划
		制定年度目标预算
		制定基本营销策略
		制定提升客户满意度的方针
		筹划新组织
		制定基本培训方针
		制定员工激励措施
		策划内部研讨会方案
	推进业务	目标管理及人事考核
		日常业务的推进
		业务管理的落实与改进
		维持及增进客户关系
		分析信息及制定应对措施
		推进企业环境配置
		费用管理
员工管理	掌控下属	合作公司的管理及筛选
		起草人事制度的改革建议
		增进团队合作
		下属管理
		下属激励
	协助领导	落实业务汇报
		贯彻领导者的方针
		领导者的代理工作

◆ "员工管理"尤为重要

在主管的两项主要工作,即"业务管理"和"员工管理"之间,也存在着优先等级的不同。

世界上首屈一指的经营咨询公司,麦肯锡公司的管理者们将 15% 的工作时间用于员工管理,创造各种机会与下属交流、谈心、反复给予评价或指导。被誉为 20 世纪最伟大企业家的杰克·韦尔奇(Jack Welch)也将工作时间的 60% 用于培养和发掘人才。

管理员工之前,必须先准确掌握他们的能力特点。比如:

掌握哪些技能?

工作是否积极?

性格怎样?

属于一个人埋头苦干的类型,还是属于在团队中更能发挥实力的类型?

擅长哪些领域的工作?

习惯于等待上司的具体指示,还是在自己全权负责时更能大显身手?

按理来说,不了解这些情况就无法给下属安排工作,然而在现实中竟然有很多主管对下属的特点一无所知。他们从不针对每名下属的特点下达指示、安排工作。

这样的主管等于没有完成对员工的管理工作。或者说,他们根本就不具备管理工作所需的能力。

希望主管们牢记:"在管理员工的同时培养人才",是你的工作中尤为重要的一部分。

工作最拼的人不适合当主管

◆ 销售定额是 50 辆，你该卖几辆

第一次带下属，或者下属人数增加，这些情况往往是伴随着职位的晋升出现的。一般来说，这是因为过去的工作业绩受到肯定，所以得到了提拔。

不过，这时千万不要误会。如果认为自己以往的努力得到了认可，所以今后还要更加努力，这样想可就错了。

举一个最简单的例子。假设你是一名汽车销售人员，迄今为止，每月都能稳稳地卖出 10 辆汽车。公司认可了你的努力，提拔你当主管，还给你配备了 5 名下属。现在如果要求你们这个团队完成"每月销量 50 辆"的定额，你打算怎么办？

"好嘞，那我就加倍努力，每月卖出 15 辆，剩下的 35 辆就交给你们了，平均每人卖 7 辆。你们的定额只有我的一半，可要努力完成啊。"

很多新晋主管都会这样安排，但其实这么做就大错特错了。

下属和主管的定额分配示例

目标为团队销售 50 辆汽车时的参考示例

● 汽车的销量

下属	主管	对主管的评价：
30 辆	20 辆	不适合做主管
35 辆	15 辆	不能算充分尽到了主管的职责
40 辆	10 辆	对兼做业务和管理的主管来说正合适
50 辆	0 辆	具备管理下属能力的完美主管！

作为主管，一定要尽量降低自己的目标，用更多的精力专心支援下属

◆ 自己一辆都没卖也没关系

主管的任务是"通过下属"实现经营者的目标。

自己拼命干活的主管没有时间和精力去管理下属,也无法指导或者鼓励下属。

有的主管忙得没时间和下属沟通,下属来问什么都只有一句"这点儿事你自己去想"。这样的工作方式等同于主管放弃了应尽的职责。

还有的主管到月末看到团队的指标无法完成时,就冲下属大发雷霆。对下属来说,这是最恶劣的工作环境。在这种环境下,他们的积极性会越来越低,对主管的信任当然也会荡然无存。于是,部门的业绩随之每况愈下……

主管应该做到根据每名下属的强项分配任务,确保团队完成总目标。说得极端些,如果管理工作做得足够出色,主管甚至可以一辆车也不卖。只要能帮助下属,创造出一个让他们能够卖出 50 辆车的环境,并在工作中有所成长,你就是一名称职的主管。

➡ 用人要看能力和意愿

◆ 区分"指示"和"关怀"

主管在指挥下属开展工作的过程中,要把握好对每名下属的"详细指导"和"人文关怀"的比例,这是能做好主管工作的关键。

请看下页"根据能力和意愿调整用人策略"图。

坐标的横轴表示主管对下属的"详细指导"程度的高低,纵轴表示"人文关怀"的多少,黑色的曲线是领导行为模式。

对于①能力和意愿均较低的员工,比如新入职的员工,与人文关怀(支持)相比,主管更应该不断给予详细指导(指示)。

有些主管认为新人还没有适应工作,就不对他们做任何明确的指示,而只是一味地照顾他们的心情,其实这样对下属的成长并没有帮助。受到如此对待,新人反而更不知道自己该做哪些工作,只会心中愈发不安。这种公司的新人离职率可能会更高一些。

根据能力和意愿调整用人策略

主管的行为

- ③ 参与型：一起讨论工作内容，引导下属做出决定
- ② 说服型：说明上司的想法，解答下属的疑问
- ④ 授权型：把完成工作的责任全部托付给下属
- ① 命令型：对下属给予详细指示及密切监督

纵轴：人文关怀（高 ↔ 低）
横轴：详细指导（低 ↔ 高）

下属的能力和意愿

自律型：
- ④ 能力高 意愿高 有自信
- ③ 能力高 意愿低 无自信

他律型：
- ② 能力低 意愿高 有自信
- ① 能力低 意愿低 无自信

（高 ↔ 低）

来源：《组织行为管理》(Management of Organizational Behavior) Pearson 出版，保罗·赫塞（Paul Hersey）等著

主管必须结合每名下属的能力和意愿来调整支持和指导他们的方式

随着员工的能力和意愿逐渐提高,主管就应该减少详细指导,将重点转移到人文关怀的方面。

◆ 了解每一名下属

对于④能力和意愿都很高的下属,主管几乎不需要提供任何详细指导和人文关怀。对这种水平的员工,如果总是不厌其烦地去询问"进展得顺利吗",反而会让他们产生不被信任的误解,甚至会打击他们的积极性。

对②能力低但意愿高的下属,需要给出明确细致的指示,同时还必须给予人文关怀。

对③能力高但意愿低的下属,要保证足够的人文关怀,但不需要过于详细的指示,应该尽量放手让他们自己去做。

了解每一名下属的特性是主管最重要的工作之一。

不仅如此,这种了解还要深入到每名下属所负责的每一项工作当中。"你在这方面的经验足够丰富了,这项工作就全权委托给你。但是那项工作对你来说还有些难度,所以我会来指导你。"像这样,随时与下属确认彼此在工作安排上的打算,也可以避免不必要的矛盾。

每个人都要定目标

◆ 目标不清晰，下属不行动

公司就是追求利润的地方。因为这个原因，公司就需要有经营方针，有年度经营计划，还有需要举全公司之力去实现的利润目标。

想必你管理的部门也要根据公司的经营方针制定部门的目标吧。

主管的定义是"通过下属实现经营者的目标的人"。"经营者的目标"可以从经营理念转化为经营方针、整个公司的目标和部门的目标，并会在这个过程中变得越来越具体。

主管最先应该实现的是部门的目标，这是"实现经营者的目标"的第一步。

实现部门目标时，最重要的是不能"自己拼命干"，因为说到底目标还是需要"通过下属"来实现的。

"通过下属"完成部门目标，关键在于要给每名下属制定具体的目标。

管理者专用目标分配表

年度　　　　　年　月　日　No.

部门	职位	级别	制定者	上级主管
				盖章

本阶段的重点任务与目标的制定原因

重要程度	◎○△	◎○△	◎○△	◎○△	◎○△
目标与完成标准					
战略方针					
本人（主管）					
下属姓名 1					
下属姓名 2					
下属姓名 3					
下属姓名 4					
下属姓名 5					
下属姓名 6					

综合评价及备注

假设部门年销售额的目标是5亿日元，如果你只是说"好，大家一起努力完成5亿日元的目标吧"，那么恐怕没有人听了这话就会去干活。

如果有6名下属，就必须给他们6个人分别制定具体的销售额目标，这样下属才会行动起来。

◆ **自发性目标或者半强制性目标皆可**

请参看前面的《管理者专用目标分配表》。

在表中填上你（主管）和下属分别要完成的数值或者目标。

当然，下属的资历和能力会各有不同。作为主管，必须针对每个人的能力制定符合他的水平的目标。

此时既可以采用一边和下属交流一边共同设定目标的方法，也可以采用半强制性的方法直接把目标分配给下属。

前一种方法是"目标管理制度"的基本思路。通过尊重员工的自主能动性，激发其挑战欲望，以此来提高他实现目标的意愿或者完成工作的成就感。

后一种方法具有半强制性，从提高员工工作积极性的角度来看，并不是一种值得推荐的方法。不过，对于上班族来说，既然从公司领取工资，那么实现公司的目标当属"理应完成的工作"，这种意识也很重要。公司为了实现目标，自然需要对员工下达一定数值的任务指标。

如果遇到缺乏应有责任感的下属，主管也可以给他分配半强制性的目标，借机培养他的工作意识。

哪种方法更适合，说到底还要根据公司的方针、你作为主管的资质、每名下属的能力和意愿、团队的综合能力，以及下属对主管的信任程度来决定。

➡ "目标管理"分三种

◆ 目标管理："使用目标进行管理"

不少公司虽然制定了目标，但却没有发挥出目标管理的有效作用。

在这个风云变幻的时代，别说一年以后，就连半年之后的情况都很难预料。好不容易定下了目标，半年后却发现它已经偏离了轨道，这种情况也确实屡见不鲜。

在这样的大环境下，有些人甚至开始质疑制定目标的意义。目标管理成了时代的替罪羊。

其实，"目标管理"的原意并不是"管理目标"，而是"使用目标进行管理"，其目的在于"通过制定目标，使下属能够自发地工作"。

"使用目标进行管理"，也可以看作是"制定目标""过程评价（即中间测评）"，最后"考核下属"的过程。

制定出恰到好处的目标，无论对于员工们齐心合力共同完成部门目标来说，还是对于确保能够进行公平公正的考核来说，都是必不可少的。

为了完成部门的目标，主管必须明确地指示每名下属，告诉他们应该如何发挥自己的能力去取得哪些成果。要做到这一点，就必须制定客观并且公正的目标。如果在这一步出错，目标管理就无法落实到位，最后成为替罪羊。

◆ 不成熟组织从"沟通型目标管理"做起

话说回来，到底什么才是目标？很多公司还都没有弄明白这个基本问题。

假设下属在目标管理制度下自主制定了"戒烟"和"今年之内结婚"这两个目标，对此公司该如何评价？如果对戒烟成功的人给予肯定评价，那又该怎样评价原本就不吸烟的人？

根据公司、组织及团队的实际情况，我将目标管理分为三种类型：沟通型目标管理、培养能力开发型目标管理和绩效主义实现型目标管理。

如果你的团队能力水平处于较低阶段，甚至还无法实现顺畅的内部沟通，那我建议先采用沟通型目标管理。这一阶段的目标可以是"戒烟""今年之内结婚"，也可以是其他任

根据公司情况选择合适的目标类型

沟通型目标管理 → **培养能力开发型目标管理** → **绩效主义实现型目标管理**

- 沟通型目标管理：以日常工作完成度为中心的目标及其他目标
- 培养能力开发型目标管理：与个人能力提升相关的目标
- 绩效主义实现型目标管理：将公司期待的最终成果具体化的目标

各类型目标的管理要点

分类	沟通型目标管理	培养能力开发型目标管理	绩效主义实现型目标管理
目标内容	内容不限 业务目标	能力开发 业务目标	绩效目标
企业成熟度	发展中企业	较成熟企业	成熟企业
主要对象级别	一般职位	领导监督职位	管理职位 专业技术职位
与人事考核的关联性	仅供参考	相关	关联性强

何目标，但必须有一个前提，就是这些目标的实现与否不与人事考核或员工评价挂钩。

如果是内部沟通畅通无阻的组织，可以改用培养能力开发型目标管理。而追求进一步发展的组织则可采用绩效主义实现型目标管理。

有些主管为了追赶潮流，无视团队的水平，一上来就选用绩效主义实现型目标管理，这样做只会让团队的工作乱成一团。

一个部门到底适合哪一类目标管理，当然应该由经营者来定夺。不过，我建议身为主管的人也要有这个判断能力。

总之，不深入了解目标管理的意义，就无法管理好员工。

目标就是必须完成的"定额任务"

◆ 目标中的数字要有根据

如今有不少年轻员工喜欢把"目标说到底也只是目标而已"挂在嘴边。在他们眼里,目标是一个理想状态,能实现固然最好不过,但它"只是目标而已",即使实现不了也无可厚非。

对于持有这种态度的下属,主管必须义正词严地告诉他"目标是定额任务"。

为此,主管需要向下属说明部门目标乃至个人目标中的数字是怎样得出来的。

假如在一个勉强维持现有业绩、最多也只能提高5%的部门,经营者毫无根据地制定了"业绩提高30%"的目标。出现这种情况,要么是经营者和主管之间的沟通不到位,要么就是经营者过于突发奇想、任意妄为。遇到这种情况,作为一名主管,在向下属传达这一目标之前,一定要先和经营者进行沟通,充分了解他设定"30%"这个数值所代表的意义。

让下属理解目标数值的含义

定额任务 ➡ **根据公司数据决定**

- 与损益表和资产负债表中的数据有关
- 与公司发展所需的利润有关
- 与人力成本及其他成本有关

目标 = 定额任务

原来目标和定额任务都是必须要完成的工作啊……

让下属意识到"目标 = 定额任务"
并实现规定数值
也是主管的工作之一

为此，你还要具备读懂损益表和资产负债表的能力。

目前的人力成本是多少？其他成本消耗是多少？去除这些成本，企业要实现增长还需要多少利润？只要了解需要支出的成本和想要实现的利润，就能知道为此需要创造多少销售额了。

这样计算得出的数字是公司的整体目标，划分到每个部门的数值就是部门目标。部门目标再进一步分配到每名员工头上，就有了个人目标。主管必须做到随时能够说明这些目标中的数字是怎样得出来的。

◆ 改变对目标的看法

目标是公司得以生存和取得长足发展的前提。因此，将其视为必须完成的使命，即"定额任务"也并不为过。

"定额任务"是由第二次世界大战中被押送至西伯利亚的日本战俘带回日本的俄语单词，意为"一定时间内分配给个人或团体的最低标准工作量"。或许是因为带有强制劳动的色彩，人们普遍认为"定额任务"这种表达方式带有负面含义。

然而，对于不获得利润就无法生存下去的企业来说，目标在某种程度上就是一种带有强制性的名副其实的"定额任务"。身为主管，应该指导下属充分理解这一点。

如果下属反对这种看法，只把目标当作一种理想状态，就说明他自身缺乏作为公司一员的意识。指出这一问题并加以教导也是主管的工作。

如果员工在接受教导后对目标仍然没有正确的认识，说明他无法和公司持有"共同的目标"。对这样的员工，就只能请他离开公司了。

如果主管自己都心安理得地以为目标说到底也只是目标而已，那不用说，问题就更严重了。别怕扮黑脸，向下属传达正确的观念是身为主管应尽的职责。

将"团队力"发挥到极致

◆ 给团队协作一个理由

人究竟为什么要组建团队?答案其实很简单:为了把每个人的能力综合起来,形成更强大的力量。

为此,1+1=2是不够的。如何通过管理带出1+1>2的团队,这就是主管要做的。

很多销售部门的销售人员都是单打独斗地分头行动。只要每个销售人员都很能干,即使各干各的,最终也能完成部门目标。但这种模式只是1+1=2,绝不可能创造出更好的成绩。因为纵使每个成员都发挥出了自己的强项,他们在这种情况下也无法相互弥补各自的弱项。

还有一种相反的情况,有的团队,成员之间相互拖后腿,使1+1只得到了1.7或1.8的结果。如果出现了这种情况,组建团队还有什么意义?

要使1+1>2,就要最大限度地发挥每个成员的强项,同时避免他们的弱项给团队造成负面影响。为此,首先需要牢记部门工作的大前提——团队协作。为了作为一个团队在协作中取得成绩，人们自然就要重视团队中的其他成员，以及自己与其他成员之间的关系。

◆ 人尽其才，各得其所

假设一个负责研发的团队有三名成员，一个主意多，一个擅长分析，一个管理协调能力很强。

团队的目的是做研发，所以首先由主意多的人构思许多新颖的方案，然后由擅长分析的人来判断这些方案在现实中能否被市场接受。而管理协调能力强的人负责管理预算、计划、工作进展及对外沟通。

了解到自己的擅长领域和强项，下属就能更好地发挥自己的能力。这将化作一种动力，提高整个团队的生产力。

而主管的工作就是发现谁擅长什么、不擅长什么，并据此给每名下属量身定制合适的目标和职责。

有一种策略与上述方式恰恰相反，主管切断成员间的协作关系，以求激发员工之间的竞争意识。这种做法会加大员工间的距离，不仅激发不出竞争意识，搞不好还会削弱员工的工作热情。

能够发挥员工强项的职责划分

以研发团队为例

负责出主意

- 构思新方案
- 收集构思新方案所需的相关信息

负责分析

- 分析方案是否可行
- 调查在市场上能否畅销

负责管理及协调

- 管理预算、管理计划、管理进度

通过让员工负责自己所擅长的工作,激发出他们的专业意识!

发挥团队成员的强项,就可能实现 1+1 $\geqslant$ 2

有意识地创造能够实现 1+1 > 2 的组织结构，这才是主管的职责。

FFS 理论能使每名员工的能力发挥到极致，提高团队的综合实力。第 5 章将会详细介绍这套理论。

公司目标与个人目标要一致

◆ 条条大路通罗马

如果你知道下属未来的梦想,并且在此基础之上还能精心地培养他,那你就是一名理想的主管。就算下属有一天想要独立去创业,只要他现在还是你的下属,就不应该改变对他的态度。

但是,如果下属的价值观和公司的发展方向截然不同,你的所有指导工作就都是在浪费时间。

员工都是团队的一员。只要团队已经确立了目标,无论将来如何,员工眼下的目标都必须和团队目标保持一致。

我们可以用登山来说明这个问题。假设一个团队要征服 A 山,队员们正在齐心协力,向山顶进发。此时,大家选择的路线各不相同并非一件坏事。团队中有人想攀爬险要的悬崖绝壁,打算一鼓作气登上山顶,也有人宁肯多花一些时间也要走安全的路线。这样的团队不仅能够到达目的地的可能性更高,而且还能有效地分散风险。

公司目标和个人目标的重合程度

公司目标和个人目标（下属的目标）有多少重合的部分？

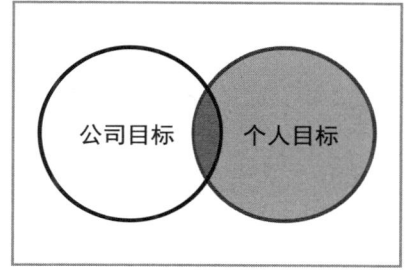

基本不一致

单纯为挣钱而打零工的状态。

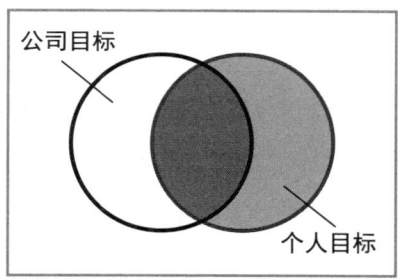

部分一致

公司和个人互相让步。多数职员都属于这个类型。

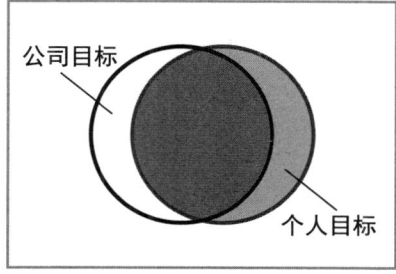

大部分一致

个人的人生目标和公司的目标几乎没有差别。多见于公司的经营者或者专业人士。

扩大公司目标和个人（下属）目标的重合度也是主管的工作

反之，如果所有队员都采用同一种方法，整个团队就会单一化，失去灵活性，难以应对突如其来的变化。

从经营的角度来看，多种方法论共存反而是一种更为理想的状态。

不过，如果团队的目标是 A 山，而某些队员一开始就只想爬 B 山，那就无法与大家一起齐心协力地完成任务了。

◆ 公司目标和个人目标的重合越多越好

公司目标和员工个人目标完全重合的情况非常少见。有一些大部分目标能够重合的情况，通常只有个人就是公司的经营者本人，或者是自己独立工作的专业人士才能实现。

虽说如此，可是如果完全没有重合的部分，就说明这名员工纯粹是为了赚钱而将人生出售给公司，他工作的目的只有工资。这样的人看似没什么坏处，但其实很难为公司做出贡献。

尽可能地使个人的目标与公司的目标产生更多的重合也是主管的职责。作为主管，必须了解下属的梦想和目标，并从团队的工作中找到适合他们的部分，以此来作为划分工作的依据。

另外，当下属觉得公司不适合自己时，你应当告诉他，对于一名职员来说，个人目标不可能与公司目标完全一致，但是在目前所能做到的范围之内，应该尽量增加两者重合的部分，这么做一定会对他的将来有所帮助。

在第 4 章我将会提到，主管还有必要让下属明白以下这个道理："人生就是一个选择的过程，或者选择不能完全满意的现状，或者选择充满不安的未来。"

当你发现下属的人生规划或梦想与公司的价值观相差太多，首先要指出这个问题。如果员工仍然坚持自己的人生规划，那么劝他离职也是主管应尽的职责。

➡ 目标要随时调整

◆ 优先顺序也可以变

实施目标管理的公司往往倾向于固守最初设定的目标，不论发生什么事也不想再做改变。

然而，在这个风云变幻的时代，盲目地死守目标只会阻碍团队的运行。

大环境每时每刻都在变化，优先顺序自然也应该随之变化。即使是当初认定的重点任务，如果目前已经变得无关紧要，那么这时就不应该坚持还按照最初的路线行事，否则就只会产生反作用。

例如，假设竞争对手公司抢先推出了一款新产品。

在此之前，你们为了研发这项类似的产品已经花费了数月的时间，现在离上市只有一步之遥了。但你们的产品与对手相比并没有什么独特之处，不具备能够格外吸引顾客的魅力。这种可以说就是换汤不换药的产品，即使实现了上市目标恐怕也不会带来很多利润。

情况有变时，需要指明新的方向

让下属感到不安的主管不是称职的主管

情况发生变化时，主管必须当机立断，迅速调整方向，并向下属说明自己的想法

面对这种情况，果断地改变既定目标也是一项非常重要的决策。

企业处在一个不断变化的大环境中。市场需求随时会发生变化。客户公司也许会倒闭，市场环境可能急转而下，合作公司可能因人事变动而大幅改变项目计划。公司必须根据这些变化调整业务的优先顺序。

假如下属负责的一家大企业客户倒闭了，你就需要重新考虑这名销售人员的任务目标。当然，也别忘了再给他安排新的任务。

◆ 不用担心"朝令夕改"

目标不是为了管理而存在的，制定目标的初衷是以此进行自我管控。当情况发生变化时，目标本身也有必要进行调整。

"朝令夕改"一词用来形容经常更改命令或者规则，做事没有个准数。一直以来，人们都认为领导者应该避免这样的做法。

然而，身处如今这个世事变幻莫测的时代，我们不能再固守过去的观念。

针对每时每刻都在变化的环境，当今的主管应该具备面对变化当机立断、迅速地提出应对措施的能力。

也就是说，如今的领导者不能再因为顾忌朝令夕改而畏首畏尾，犹豫不决。

相反，面对变化不能采取立竿见影的应对措施，一味地含糊其辞才是主管必须避免的做法。

即使无法指明新的方向，至少也应该暂时维持工作继续向前运行。即使之后发现方向出现偏差，那么到那时再做调整也不为迟。

当然，主管需要在每次情况发生变化时向下属做出解释。应该让下属明白，为什么会发生这样的情况，为什么要做出这样的调整。

一些主管在没有获得具体信息之前，无法向下属进行任何说明和指示，这样的主管更容易失去下属的信任。

眼光放长远，心态放平和

◆ 像"家长"一样守护下属

当上主管后，就不能再像以前一样只顾自己手头的工作，还必须要支援和管理下属。为此，主管不能与下属处在同样的水平，要比下属站得更高、看得更远才行。

从这个角度来说，主管就像是下属的"家长"。

"家长"在日语里写作"亲"，其繁体字"親"，由"立""木"和"見"三个部分构成，即"站在树的上面看"的意思。

有些情况在地面看不到，但如果站到树的上面就能看得清清楚楚。比如，对手进攻过来时能够及早发现目标，对手来到近前时能看清他们背后藏着什么武器。

"家长"之所以"站在树的上面看"，是为了守护孩子。而这个使命也是主管应该完成的。

站在比下属更高的高度，以更加广阔的视角观察下属看不到的事物。然后，再把自己见到的情况告诉下属，这就是主管应该做的支援工作。

只在前线就无法进行支援的具体事例

有些事情，只有站到高处才能看清

但凡成功的人，都能站到比现在所处位置更高的高度看问题。而且，高出两级就要比高出一级的效果更好。比如，组长就应该超越课长，站在部长的角度看问题；课长就应该超越部长，站在经营者的角度看问题。

◆ **居高临下的姿态要不得**

主管必须站在更高的高度看问题，但要是连态度也变得居高临下，下属就不会买你的账了。似乎有不少人对头衔抱有误解，其实头衔的不同只表示工作内容的不同，绝不代表你的地位高人一等。

作为主管，是否能受到尊敬是由下属来决定的。如果误以为自己很了不起，用居高临下的态度对下属指手画脚，那么就算说得再有道理，下属也不会接受。

人在受到比自己地位更优越的人的评判时，很容易感到抵触。如果沟通时总是一副居高临下的态度，下属是不会愿意在你手下工作的。

切记：身为主管的你，时刻要把眼光放长远，把心态放平和。

⟶ 提前察觉"中间事项",立即采取补救措施

◆ 原因和结果之间的"中间事项"

所有事物都有导致它的原因和它所导致的结果。

在工作中,如果有一个员工能力很强,工作很卖力,这个原因就有可能会带来好的业绩。

但是,原因并不等于结果。也就是说:

原因【能力强 + 工作卖力】= 结果【好业绩】

这个公式不一定总是成立的。这是为什么呢?

因为,在原因和结果之间,还存在"中间事项"。它是人事考核时需要考虑到的要素,简单地说就是"环境和状态"。

例如,有个人高尔夫球打得很好。这一天,他精力充沛,天气晴好,草坪的状态也很不错。有了这些原因,应该就能够产生"好成绩"这个结果。

可是,一旦下起瓢泼大雨,使草坪浸了水,或者他突然

肚子痛，恐怕就发挥不出自己的实力了。

这种发生在原因和结果中间的不确定因素就被称为"中间事项"。

◆ 信息收集和自我提高

主管必须能够事先预测"中间事项"的发生并制定相应的对策，或者至少要在事情发生之后及早发现，告诉下属如何应对。比如：

"这笔单子看起来进展挺顺利，但对方的支付程序走得好像有点慢，你要留意一下。"

"咱们的竞争对手开始进攻了。小心点。"

如果"中间事项"是一个负面要素，就要尽可能将损失降到最小。如果能想出转危为安的妙招，把负面要素转化成对公司有利的因素，那你就是一名优秀的主管。

也就是说，工作的理想状态是：

【能力强＋工作卖力】+【针对中间事项的恰当措施】=【好业绩】

预测不确定因素——"中间事项"

能力强 + 工作卖力 = 好业绩

原因 → 结果

（例如）竞争对手推出同类新产品

能力强 + 工作卖力 + 环境状态 = 业绩？

原因 → 中间事项 → 结果

● 负面的"中间事项"会使业绩减少

> 如果能够把负面的"中间事项"转化成有利于公司的因素，就能取得好业绩

↓

主管的工作

主管应该时刻伸长"触角"，
预测所有可能出现的"中间事项"
并迅速制定对策

为了达到这种状态，主管不可忽视平时的信息收集工作，一定要不断地开阔视野，打磨自己的判断能力。

公司内部的信息自不必说，还要广泛摄取有关行业和社会趋势的各类知识及信息。

上一节中提到的"站在更高的高度"指的就是这么一回事。

➡ 支援下属提高干劲和自信

◆ 不让下属感到"被支援"

通常来讲,人在以下四种状态下会增加干劲。

第一种是自我重要感提高,即自己在团队中的价值得到认可时。

第二种是自我能力感提高,即感到自己很能干时。

第三种是自我好感度提高,即认为别人只要了解自己就一定会喜欢上自己时。

最后一种是当自尊心得到满足,即感到凭借自己的力量使现实中的自己更接近理想中的自己时。此时,人会变得非常积极,干劲也会随之增加。

因此,在工作上帮助下属时,如果让他过于明显地感到自己在"被支援、被帮助",他可能就会觉得"没有别人的帮助我什么也做不好",导致无法自我肯定,工作中也提不起干劲。理想的支援方法,是尽量不让下属意识到自己被人帮了一把,而让他觉得是"自己发现的,自己解决的"。

当然，每名下属的能力参差不齐，想必也会有必须手把手教的情况。但在多数情况下，不让下属意识到自己"被支援"的做法更能培养出优秀的人才。

◆ 授之以鱼？授之以渔？还是……

下面这则故事巧妙地表现了人的自尊心的作用。

当你遇到一个饿着肚子的人，你觉得为他做什么最能帮到他呢？

（1）给他鱼；

（2）教他钓鱼；

（3）引导他去学钓鱼。

上述这三个选项中，哪一个才是最明智的做法呢？

当然，如果那个人已经饿得奄奄一息了，你最好立即拿做熟了的鱼给他吃。

但这样一来，当他下次再感到饥饿时，还是不知道自己应该怎么去解决问题。所以，只要身体状况允许，教他钓鱼是更好的选择。

但是，如果有一天鱼塘里没有鱼了又该怎么办呢？他就算会钓鱼，也还是活不下去。

有关自尊心的一则故事

遇到饿着肚子的下属,主管应该怎样做?

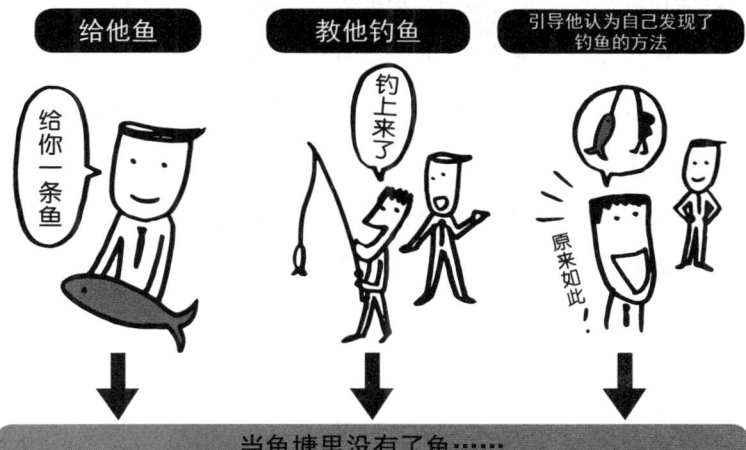

当鱼塘里没有了鱼……

采用增强自信的支援方法,
下属解决问题的能力就会提高

因此，我推荐巧妙地让"自尊心"发挥作用，引导他认为是自己学会的钓鱼的方法。这样，当他下次再陷入困境时，就会积极地思考如何运用自己的力量去独立解决问题。

这种援助方法最大的优点就在于让人感到："我真厉害，竟然能独自钻研出钓鱼的方法。看来以后再遇到什么问题都能解决了。"

优秀的主管始终是用引导的方式支援下属的，让下属觉得发现解决方案的是自己，取得进步靠的也是自己的力量。

表明对下属的期待

◆ 希望下属做出什么成绩

交办工作时,必须向下属表明自己希望他做出什么成绩。通过具体描述自己的想法,让下属明白他需要做出什么结果。

也就是告诉下属"你要取得什么样的结果",而不是"你要做什么"。

比如"你去组织个展会",这句指示就没有明确表达出主管的期待。

如果没有说明希望通过展会取得什么样的成果、什么样的情况可以算作是成果,就相当于没有做出指示。

再比如,如果只是吩咐下属"做一款畅销产品",恐怕没有人能够做出完全符合你的想法的产品。

没有明确的目标销售额和目标完成日期,下属就没有办法开展工作。

当然你还要给下属指明大的方向,比如产品的消费群体是哪些人、可以在哪些方面凸显本公司与其他公司的不同等。

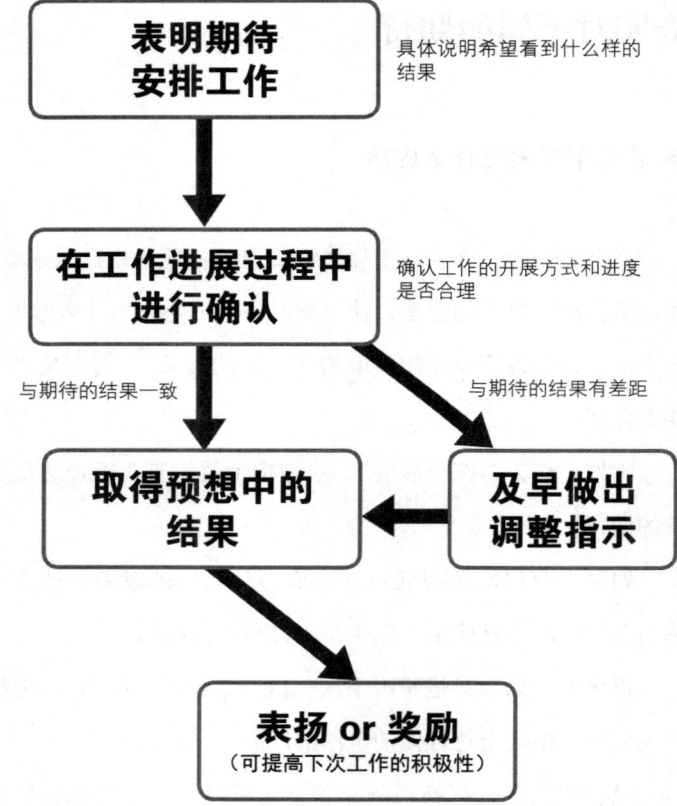

向下属交办工作的流程

在工作进展过程中不做检查，只知对着结果发火的主管不是合格的主管

◆ 缩小期待与现实的差距

表明了自己的期望之后,在得到结果之前的中间过程中,还需要检查下属的工作进展情况,这也是主管用人时不可忽略的一项工作。

我们都知道,期待和现实之间往往很难完全一致。主管需要尽早缩小二者之间的差距。通过一次次的调整,使现实尽可能地接近自己最初期待的结果。

如果主管说完期待就再也不闻不问,一直等到最终完成之后才发现结果与期待的不同,那就不只是下属的问题了,主管也有责任。

有些主管在工作进展过程中不进行监督和指导,到最后拿到结果时发现和自己预想的不同,就冲员工大发雷霆。这样的主管既指挥不动下属,也培养不出人才。

明确提出自己的期待并给予下属帮助和指导,这才尽到了主管的职责。

➡ 评价下属要基于"事实"

◆ 没有中间过程的负面评价会失去下属的信任

评价下属的表现是主管最重要的工作之一。这个评价决定了下属今后的待遇。能否加薪升职，全看主管的评价，说它决定了下属今后的人生也不为过。

对下属做如此关键的判断，一定要做到慎重、公平且公正。

前面已经讲过，目标的制定对于公平公正的考核来说也非常重要。此外，还有一个关键的要素，即从目标制定之后到考核实施的期间，主管是否履行了他应尽的职责？

首先，我们的大前提是目标本身是合理的。这时，问题就来了：在向着目标前进的过程中，主管是否向下属提供了足够的支持和指导。

作为主管，你是否向下属表明了你的期待？

当下属和你的想法出现分歧时，你是否和他好好沟通了？

当目标本身发生变化时，你是否进行了适当的路线调整？

当期待和现实有一定距离时，你是否成功地缩小了二者的差距？

只有在实践了这些步骤的基础上，你的评价才称得上公平公正。

那些对工作进展不闻不问，最后只因没有实现目标就对下属做出负面评价的主管，不仅得不到下属的信任，也会因此影响到公司对自己本人的评价。

◆ 能说清楚评价的根据吗

然后，最重要的是，评价下属必须有事实依据，绝对不能根据周围人的小道消息或者根据自己与他合得来或是合不来等感情因素来评价下属。

虽说如此，在实际职场中，还是会有不少领导者根据自己的个人好恶对下属做评价。

人都是感情动物，所以总是自然而然地倾向于给那些对自己言听计从的员工打高分。相反，对于那些面对自己给他布置的任务总是一脸不情愿的下属，则倾向于做出负面评价。

但是我们应该杜绝这种做法。因为上述的这些因素都根本不属于做评价时需要参照的客观事实。

那么，如何判断一个评价是不是基于事实的评价呢？

这就要看你能否向下属说清楚评价的根据。也就是说，要能够解释清楚，是出于什么理由给出了这样的评价。

如果说不清具体依据的是哪件事，你的评价就不能算作公正的评价。

为此，平日就需要仔细观察下属的行为和态度。

销售部门可以参考销售日志，生产部门自然就要用质量说话。

迟到次数多也是一个有效的事实。不过，如前所述，主管必须同时考虑自己此前在工作过程当中对下属给予过怎样的指导。对于指导多次仍然没有改进的下属，就可以把这个事实告诉他，并把这件事反馈在评价中。

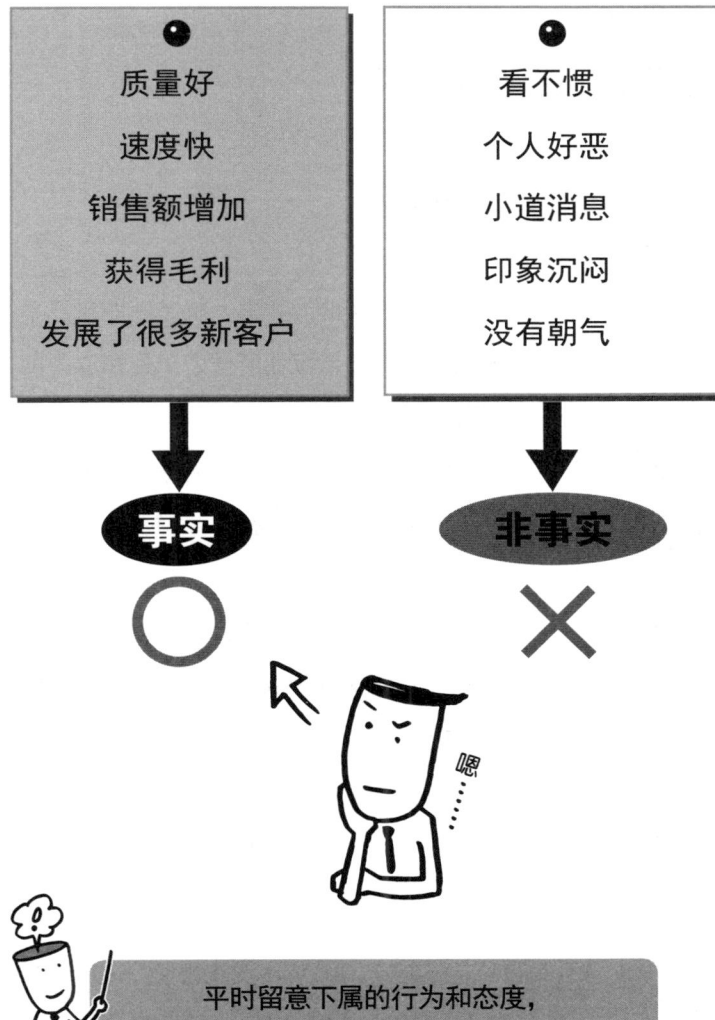

让下属自己汇报成绩

◆ 有助于消除对评价的不满

此外,还有一个确保公正评价的关键,就是不能自己单方面地下结论,应该让下属自己汇报他所做的工作和取得的成绩。

我们抛开理想看现实。在实际工作中,无论多么优秀的主管,也不可能掌握每一名下属的所有言行。

承认这个事实,主动听取下属的汇报,这并不是什么羞耻的事。忽视这一点,直接单方面做评价,容易给下属留下"领导没有好好关注我""我的表现没有得到如实评价"的印象,引发他们的不服和不满。

与其这样,还不如让下属亲自来汇报成绩,让他明白自己有责任说服领导对自己做出让人满意的评价。这一点也很重要。

本人汇报的好处

工作越努力、业绩越突出的下属聊得越起劲

越偷懒的下属话越少

让下属汇报自己的成绩
是公正评价中不可或缺的一环

◆ 在倾听中发现问题

真正取得了成绩的员工很愿意汇报工作,甚至可以说他正期待着主管来问呢。因为每个人都比其他任何人更清楚自己取得了哪些成绩。

越是在工作中不断思考、勤奋努力的人,越能够详细地说明自己做过哪些工作、获得了何种反馈和取得了什么结果。

反之,那些做事敷衍、总是依靠他人、成绩全靠撞大运得来的人,他们在汇报工作时常常语无伦次,说不清自己做过什么。注意倾听,你就能从中得到不少评价的根据。

听下属汇报其实也是主管的一项非常重要的工作。

一些公司在人事制度中引入了听取下属汇报工作的环节,即"面谈制度"。即使有的公司没有这项制度,我也建议作为主管的人时常倾听下属的心声。

没有下属会百分之百认同主管的评价

◆ 如何让下属认同你的评价

即使主管为确保评价的公平公正做了很多努力，或者让下属汇报自己的成绩，但是在通常情况下，下属也不会100%完全认同主管的评价，能认同70%就算很好的了。

其实，在最初制定战略目标的阶段，就不可能所有员工都没有任何异议。如果在这一阶段，所有成员对整体战略或目标都没有其他想法，那反而说明这个团队存在某些问题。很可能是这个公司缺乏创新性，前途堪忧。

正因为每个人的想法各不相同，才会产生变化，才能创造出新的事物。

此外，社会心理学中有一个叫作"自我中心偏误(egocentric bias)"的概念：人们总是倾向于认为自己付出的辛苦比别人更多，自己的贡献最大。大家都认为自己最棒，对自己的评价自然也相当高。

因此，评价最重要的不是让下属认同，而是要能够说服下属。

"我的想法和领导不同,但他的想法也有一定道理。虽然无法完全认同他的观点,但我还是选择接受吧。"

能否让下属像这样接受对他的评价也是对主管能力的一个考验。

◆ 认同的关键在于沟通

那么,如何才能获得 70% 的认同呢?

其中的关键在于主管和下属之间的沟通。

首先,主管对工作的要求和期待一定要明确地传达给下属。

下属都会为了得到主管认可而努力地工作。但是如果下属对主管的期待理解得不到位,致使自己的努力方向偏离了主管期望的方向,主管就必须尽早把这个情况告诉下属。如果工作过程中不提出来,等到出了结果才说"你这个做得不对",下属难免会埋怨"你怎么不早说啊"。

从主管的角度来看,如果下属从不汇报工作的进展情况,直到完工时才把结果一股脑地交上来,那么在这种情况下,主管也没有任何指导的余地。

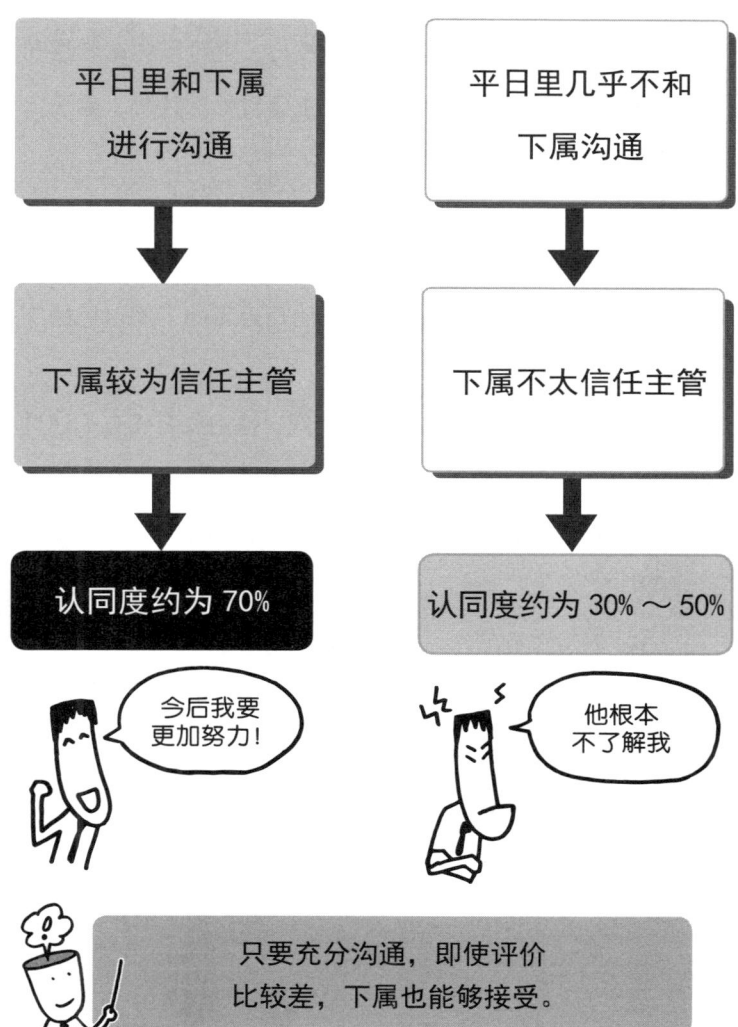

没有主管和下属间的双向沟通，就谈不上70%的评价认同度。

主管可以努力学习人事考核的技巧，也可以尝试增进和下属的沟通，但最终下属能否接受主管对他的评价，起决定性作用的还是他对主管的信任程度。

如果是自己尊敬的上司做出的评价，就算比期待的低一些，也会转化成激励和动力。反之，如果是自己看不起的上司，就算他的评价再高，也会质疑他是否真的了解自己的工作情况。

"对我们的工作从来都是不闻不问，他到底有没有关注过我们啊？"

"他自己优柔寡断，迟迟做不出决定，现在有什么资格来评价我们？"

"和下属抢功劳的人，亏他还能做出这种评价！"

如果主管平时给下属留下了这种印象，那么即使他在考核期间找下属沟通，也不会起到任何作用。

下属的信任程度取决于主管平日里的一言一行。

➡ 目标制定、指导和评价的 6 个月周期

本章主要讲解的是主管应如何管理目标和评价下属。最后，我来介绍一个指导评价周期，作为对本章的总结。通过这个方法，可以有效地提高下属的能力。

对下属的指导和评价可以按照固定周期，比如以 6 个月周期来进行，在每个周期中重复以下三个步骤：①制定目标；②让下属挑战目标；③给予评价。这个流程体系有助于高效激发下属的干劲，提升工作业绩。

下面依次介绍这三个步骤。

◆ 制定目标

首先，主管要用简单易懂的语言将经营计划的目标或者课题和方针传达给下属，使其充分理解这些内容。

然后，结合以往的业绩，向所有下属简要说明部门计划（目标、方针、战略、战术）的大概情况。

这时，可以利用《管理者专用目标分配表》。

在表格前几行填上部门的目标和实现方案、战略及方针，在左侧第一列填写主管本人和所有下属的名字。填写部门的目标或者战略时注意要落实到具体细节，需要填写由每个人承担的职责和工作内容等。

假设部门的目标销售额是100，那么个人目标可以制定为主管20、下属B40、下属C30、下属D10，使个人数值的总和与部门整体目标值相吻合。

有一些目标无法转化成数值，比如新的人事制度或薪酬制度等的实施，这些则要详细清晰地记录每一名员工为实现该目标所需完成的工作内容。

此外，在填写《管理者专用目标分配表》前务必确认以下几点：

- 实现部门目标是否等同于完成部门的业绩责任？
- 目标是否具有挑战性，并且同时具有可行性？
- 存在数值目标时，新开发客户的数量与规模、销售额与成本之间的关系是否清晰？
- 目标的实现程度是否要反映到评价中？
- 对于战略和方针的具体实现方式，是否有一个大致方向？
- 战略和方针中是否包括独特的新创意或者新构思？

《管理者专用目标分配表》填写范例

2012 年 9 月 7 日

<阶段> 2012年10月1日—2013年3月31日	<部门> ○○部	<制定人> 山田太郎	<级别> V	<上司> A部长

<本阶段的重点课题及目标的制定原因>
1 完成部门预算：5.43 亿日元 ➡ 公司计划。
2 质量第一 ➡ 减少产品交付后的后续作业，将员工转移到下一个项目。
　　　　　　减少亏损项目。
3 提高客户满意度 ➡ 提高客户的信任程度。
4 吸收新技术 ➡ 在擅长领域之外，挑战新项目，拓展技能和知识面。

重要程度（◎○△）	○	◎	◎	○
目标和实现方案	程序开发目标：参见个人栏	改善质量：符合CSQM活动的质量目标	提高生产效率：投入工数削减10%	提升技术水平：参见个人栏
战略及方针	在项目研发中提升整体技能	严格按计划对设计流程进行内部评审	沿用以往项目中设计的程序	吸收新技术
山田太郎（主管；V）	完成概要设计的50%及制作的15%	负责项目管理及对员工B的指示和指导。参与评审	收集可以沿用的信息并对员工B的工作做指示	进行流程管理（调整），确保在本项目中开展JAVA培训
员工B（该公司工作7年；Ⅲ）	完成概要设计的50%及制作的35%	组织评审。对员工C和员工D进行评审	收集可以沿用的信息并指导员工C和员工D的工作	向员工C和员工D培训JAVA编程方法
员工C（该公司工作3年；Ⅱ）	完成详细设计及制作的30%	———	在批准的加班时间内完成工作	用JAVA编写5个程序
员工D（新人；Ⅰ）	完成制作的20%	———	在规定的上班时间内完成工作	用JAVA编写3个程序

● 下属在实际工作中是否拥有自行判断的余地？

● 从职位、能力、性格等角度来看，下属的职责分配是否存在质或量不均衡的问题？

● 制定的目标是不是空口号，责任是否落实到人？

填好《管理者专用目标分配表》后，再把《挑战卡》发给下属，让他们尽可能详细地填写目标课题、完成标准、完成步骤及方法、完成期限等"挑战目标"，以及以获得新资格或技能为目的的"能力开发目标"。

从长远来看，"能力开发目标"会对提高员工能力起到积极的作用，因此严禁空着不填。把《挑战卡》回收上来后，主管要检查其内容与部门计划是否相符，然后安排时间找员工面谈。

面谈应围绕部门目标和下属的个人期望进行，并据此制定出最终目标。倘若一次面谈没有得出结论，则应该改日再谈，直到得出双方都能满意的结论。在面谈中，主管不可以单方面将目标强加于下属，而应该尽量激发下属的挑战精神。

不过，一味地遵从下属的愿望则无法完成经营计划。在实际工作中较为可行的做法是，自上而下分派的目标占全部目标的六到七成，剩下的三到四成则可以是由员工主动提出的自下而上的目标。对于自下而上的目标，主管还可以多下一些功夫，比如采用加分政策，即完不成也不会减分等。

◆ 让下属挑战目标

在和下属积极沟通的同时，还要提出一些能够帮助下属完成目标的建议。在这个过程当中，中期面谈能起到非常重要的作用。

面谈不是只有在最终评价时才进行，设定好目标的大约3个月之后，还要进行中期面谈。当然，面谈的时间不是固定不变的，可以根据部门的需要安排在适当的时候。

在这场面谈中，主管需要确认下属工作的进展情况，确保能够如期实现目标。一旦发现问题，就要指导或者帮助下属调整路线。即使没有问题，也应该根据需要决定是否添加、调整或删减目标。

为了最终做出的评价能够获得下属的认同，主管在平日里应该注意随时记录工作中发现的情况。人们有时会忘记3个月到半年前发生的事情，而如果只凭借最近一段时间的印象做评价的话，主管很容易失去下属们的信任。

◆ 给予评价

过了半年之后，把《挑战卡》重新发给下属，让他们做

挑战卡

阶段	2012年10月1日—2013年3月31日	部门	○○部

		目标课题 （做什么）	完成标准 （多少、什么程度）	完成步骤及方法 （如何）
挑战目标	1	●项目开发 ●通过项目提升整体技能水平	●完成全部概要设计的50% ●完成全部制作的35%	●辅助上司制定概要，在理解概要的基础上进行设计 ●设计好后拿去制作
	2	●改善质量 ●符合CSQM活动的质量目标	●评审12次以上 （每月2次） ●集成测试BUG率每千行代码低于2个	●组织评审和持续改进活动，解决存在的问题
	3	●提高生产效率 ●投入工数削减10%	●以往项目的程序沿用率达到10%	●收集可以沿用的信息，对员工C和员工D进行指导
	4	●提高技术水平 ●学习新技术（JAVA）	●员工C和员工D学会用JAVA编程序	●用样本程序进行培训

【评价标准】➡ 比重：各项合计为100（%）
　　　　　　挑战性：根据个人水平衡量目标的难度是大还是中等（难度小的内容不能作为目标）
【评价】➡ S：远超预期　A：超过预期　　　　　　B：和预期相同
　　　　　　C：有困难，但完成了工作　　　　　　D：困难很大，未能完成工作

		学习课题	学习目标
能力开发目标	自我提升、研修、在职培训（OJT）	掌握管理者技能	落实团队成员管理

【个人评价】➡ +：超过预期　　　　±大致和预期相同　　　　－：未能达到预期

姓名 员工B		级别 Ⅲ	上司 山田太郎		
完成期限 （到何时）	评价标准		评价（S·A·B·C·D）		
	比重（%）	挑战性	本人	上司	终评
●本项目期间 （—2013年3月）	50	(大) 中等	B→A	B→A	A
●本项目期间 （—2013年3月）	10	大 (中等)	B	B	B
●本项目期间 （—2013年3月）	10	大 (中等)	B	B	B
●本项目期间 （—2013年3月）	30	大 (中等)	B	B	B
	100		综合评价		

学习手段及方法	时间安排	个人评价
参加管理者培训	本阶段内	±

这半年的自我评价。

针对《挑战卡》上的挑战目标，应该最先由本人（下属）做评价，然后由主管来评价，由此决定最终评价。

下属做出的自我评价有可能比主管对他的评价高。这两者之间的差距其实很重要。一定要仔细查明两者的评价会产生差距的原因。常见的原因有：下属对目标的认识有偏差、主管的期待没有准确地传达给下属、工作开展过程中主管没有给予指导等。

尤其在环境或情况发生了变化时，容易产生这种自我评价和主管评价之间的差异。查明原因以后，应该加以改善，以免今后出现相同的问题。

此外，主管在做评价时也会同时对下属进行行为评价和能力评价，因此要注意以下几点：

- 抽出足够的时间，集中精力一次性完成评价。
- 平日里仔细观察下属的工作，依据记录下来的事实做评价。
- 不要戴着有色眼镜看人，或掺杂个人好恶。
- 不要受到评价阶段以外的事实或者与评价无关的情况影响。
- 不能用对员工的整体印象做评价，评价必须精确地对应到每一项考核内容。

● 时刻站在公司的立场,明确对下属应有的期待和要求。

最后,不要忘记在反馈中详细指出下属做得好与不好的地方。因为主管的职责是找到原因,促进员工提高工作能力,而不是只着眼于结果。

向下属表达自己对他今后的期待,提高他下一阶段的挑战热情,这些也是主管的重要工作。

> 领导力培训讲座 2

养成思考的习惯

我认为，对职场人士来说最重要的是"养成思考的习惯"。

在大约10年前，企业经营咨询师大前研一先生曾说过这样一句话：

"日本人不爱思考。我们必须培养时刻思考的习惯，比如在地铁上看到广告，也可以想想自己会怎样做这个广告。"

起初我以为"一直保持思考状态，那样肯定会很累"，但现在却非常理解并且赞同他的看法。

那么我们应该怎样做，才能养成随时思考的习惯呢？

培养思考的习惯，首先要意识到思考能力的重要性。日本社会似乎很看重一个人的知识量，但其实义务教育阶段学习的知识量连一张光盘也装不满。如今网上有大量的信息可供查找，问一问知道的人就能得到答案。在这个日新月异的时代，现有的知识起不到什么作用，而思考如何把收集到的知识、信息和事实组合起来进行创新则显得更为重要。因此，我们有必要努力培养思考能力，学会逻辑思维等方法，从而获得解决问题和指导具体行动的思维方式。

其次，在会议或日常交流等场合需要发表意见时，一定要说出自己的观点。要想说出观点，就不得不经常思考。渐渐地，在坐车时也会下意识地想一些事情，自然而然就会养成思考的习惯。

不过，一开始或许很难在会议等场合提出一针见血的观点。没有足够的知识或信息，无法提出系统的意见时，建议先针对自己不了解的内容提问，然后再发表一些自己的想法。只要坚持3年，保证你的思考能力会有突飞猛进的提高。事不宜迟，就从今天开始试一试吧。

第 3 章 点燃下属的工作热情

为什么大家都爱打高尔夫

◆ **高尔夫中蕴涵的五大动力**

调动热情无非就是怎样提供动力的问题。那么，都有哪些方法可以提供动力呢？

美国行为科学家威廉·莫布里曾经分析过人们为什么会喜欢高尔夫这种体育项目，右图总结了他的分析结果。

如图所示，莫布里举出了高尔夫能够让人们热衷于它的五大因素。

（1）明确的目标；

（2）游戏的完整性；

（3）反馈；

（4）多种技能的应用；

（5）决策

高尔夫所具备的这五大因素全都可以对应到工作当中。如果工作中没有这些动力，恐怕员工们就一点干劲也拿不出来。

发掘高尔夫中蕴含的五大动力

高尔夫是绩效主义的缩影

明确的目标

在游戏中可以将旗杆或标准杆数作为目标。

游戏的完整性

从球座到果岭必须由自己全程负责。

反馈

每一杆、每一洞、每半轮和每一轮结束后都可以得到反馈。

多种技能的应用

打球时可以根据球场环境和自身状态运用到各种技术。

决策

在分析当时的条件、状况及自身能力的基础上决定打法。

这些动力不仅增强了高尔夫的趣味性，也能使工作更有意思

具体来说：

（1）**没有目标** ➡ 不知道该朝着什么方向前进。

（2）**游戏不完整** ➡ 失败一次就被打上无能的烙印，不能从头再来。无法重新振作，投入新的工作。

（3）**没有反馈** ➡ 没有人告诉你做得是好是坏，处在被忽视的状态。

（4）**用不到多种技能** ➡ 工作内容单一，自己的能力得不到施展。

（5）**决策权不下放** ➡ 总是在别人的指挥下做事，无法表达自己的想法。

如果工作的环境里完全不具备高尔夫球运动的这五大动力，恐怕任何人都会热情全消。上述的所有动机全都不具备的公司或者组织可能是不会存在的，但只要缺少其中任何一项，就会影响到下属的干劲。请重新审视一下自己部门的情况和自己向下属交办工作的方式，如果发现缺少了某项动力，建议尽快把它补充上。

➡ 通过倾听提升下属的工作动力

◆ 让下属取得进步的倾听方法

"这个人最近没什么进步啊。是不是遇到了什么困难？"

当手下出现了一个没有动力的员工时，你会怎么做？

很多主管会向下属大谈特谈自己曾经的经历，希望用这种方法提升他的工作动力。他们坚信激情澎湃的讲话就能提升动力。

但其实，讲自己过去的成功经历对下属来说并没有任何意义。主管自以为讲了一个很励志的故事，可下属心里清楚大环境早已今非昔比了。因此，把自身经历单方面地强加给下属的做法起不到什么作用。

要想提升下属的工作动力，就不能自己夸夸其谈，而要首先从倾听开始。对下属来说，有一个倾诉对象就能在很大程度上缓解不安的情绪。

不过，也不能让下属没完没了地说个不停。主管在倾听的同时，还要让下属思考以下问题：

我真正的愿望是什么？

我对什么事感到不满？

我有什么困难跨不过去？

如何通过理性思考引导事情向好的方向发展？

要想检验这种想法正确与否，必须掌握哪些信息？

让下属思考上述问题，意识到自己应该做什么，主动地用语言表述出来，然后再真正去做。这样的倾听方法能够提升下属的自尊心，主管一定要学会这项技能。

◆ 让下属养成思考的习惯

假设你带领一个汽车销售团队。有一天，下属来问你："可以给客户打这个折扣吗？"团队内部规定，通常情况下优惠幅度不能超过10%，但这个新客户提出，"我买两辆，所以能不能把原价100万日元的车按照85万日元一辆的价格卖给我？"

这时，你作为主管应该如何回答下属的这个问题？

如果能够拿下这个新客户，今后很可能通过他进一步发展出更多的客户。考虑过种种因素后，你毫不犹豫地同意了这个优惠15%的折扣价。

但是，如果回答"好，就给他这个价吧"，那你就不是一

引导下属解决问题的提问技巧

应该提出的问题

- 你必须实现的成果是什么？
- 什么事让你感到不安？
- 怎样思考才能引导事情向正确的方向发展？
- 要想解决问题，应该掌握哪些信息？
- 你必须做的事是什么？

通过提问了解下属在为什么事情而烦恼，以及他想怎样解决这个问题

名合格的主管。这时的关键在于不能直接给出答案，而要反问下属"你怎么看"。

于是，下属就会思考：我为什么必须把车卖出去？签下这一单能给公司带来什么好处？作为主管不仅让下属卖车，还要让他思考销售行为的意义，这样能够增强下属的自尊心。

如果下属认为应该签下这一单，你可以追问为什么这样想，促使他进一步思考。

这些"倾听"的技巧可以促使员工培养起独立思考、发现问题、做出判断并且付诸行动等一系列能力。

"通过激发竞争意识提升工作动力"的误区

◆ 动力不足的原因

有些主管经常感叹下属做什么都没有动力。这类主管往往喜欢从各种标榜传授"用人方法"的管理类书籍中寻找办法。我很理解他们一心想解决问题的心情，但遇到这种情况更应该着眼于问题的本质。

你的下属也许本身就是一个没有工作意愿的人。如果真是如此，那就是你在招聘阶段选错了人，这个责任并不在下属身上。

但实际上，无论是谁，初进公司时都应该有过一段干劲十足、对工作充满热情的时期。

那么，是什么浇灭了员工的热情？

是这个公司？是他个人生活中的一些事？还是你这名主管自身的问题？

只有从寻找原因开始入手，才能真正地解决问题。

如果问题在公司，就需要与经营者或者自己的上司一起重新审视团队的现状或者运营方式。

如果是下属的个人问题，就应该找他好好地谈谈心。

如果是你自己的问题，就首先必须改变自己。

想提高下属的工作热情，就必须解决根本的问题，否则只会浪费主管和下属的时间。

◆ 原本就缺乏竞争意识的小公司员工

激发竞争意识是提升员工工作动力的一种方法。

很多销售部门把员工的业绩做成柱状图贴到黑板上，这就是激发竞争意识的一种手段。奖励制度也算是一种。从广义上来讲，通常人们所说的绩效主义也可以算作一种激发竞争意识的制度。

也有一种看法认为，大多数中小企业的员工其实从一开始就普遍缺乏竞争意识。

进入大公司的人，也就是如今所谓的"获胜组"，都是在竞争社会中披荆斩棘地一路拼杀过来的。这些人从未品尝过失败的滋味，也正是因为拥有这种必胜的信心，他们才能够勇于竞争。

"那家伙加班4个小时的话，我就干一个通宵"，他们都

第3章 点燃下属的工作热情 / 103

分析下属动力不足的原因

回想一下过去的状态……

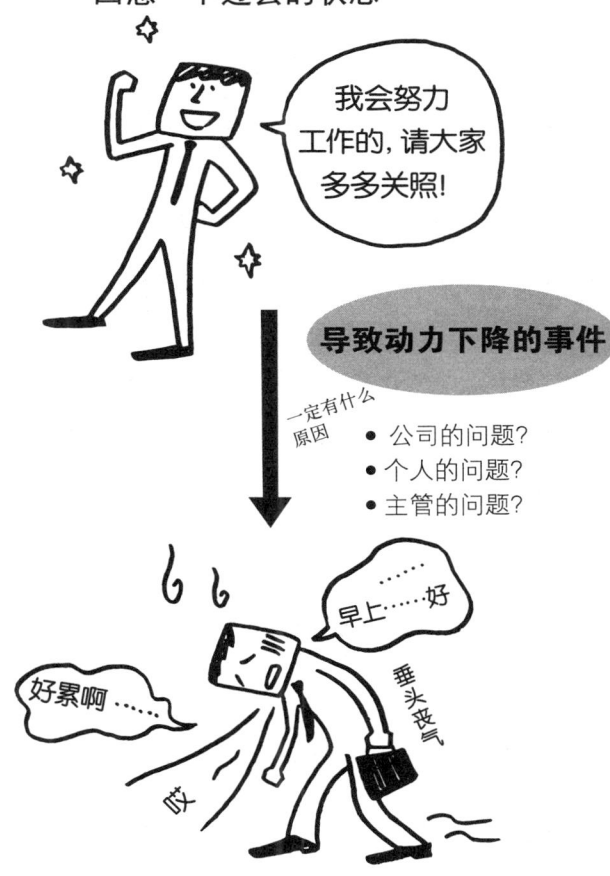

我会努力工作的,请大家多多关照!

导致动力下降的事件

一定有什么原因

- 公司的问题?
- 个人的问题?
- 主管的问题?

早上……好

好累啊……

垂头丧气

哎

不找出根本原因并加以解决,
就无法提升下属的动力

已经对这样的想法习以为常了。如果能够在大公司里得到提拔，社会地位也会相应地提高，这就越发激起他们努力拼搏的斗志。

与此相比，在通常情况下，进入中小企业的员工大多是与"获胜组"恰恰相反的一群人。他们因为获胜的经历比较少，所以想要取胜的意愿也就比较淡薄。

因此，小公司未必会有很多志向远大的员工。在这样的环境中一味地激发竞争意识，不仅没有效果，反而会打击下属的工作积极性。

如果打算提高下属的工作动力，首要任务应该是运用倾听的技巧，挖掘出导致下属动力不足的根本原因并加以解决。

当下属抱怨"工资太少"时

◆ 了解每一名下属的成本

对于刚刚升任团队主管不久的人来说,下属应该大多都很年轻。如果是在中小企业,工资水平可能不是很高,而工资低往往是打击工作积极性的一大原因。

"工作这么忙,为什么工资却这么低?"

当下属提出这个问题时,作为主管,你能向他解释清楚公司需要支付的劳务成本是多少吗?

假设下属每个月的基本工资是 25 万日元。从中扣除失业保险、健康保险、养老保险等国家社会保险费及所得税、居民税等税费以后,员工能拿到手的工资大约是 20 万日元。如果公司还实行内部储蓄和住房公积金制度,到手的工资还会更少。这也难怪下属会感叹工资太少了。

但是,换个角度来看,公司需要为一名员工付出多少劳务成本呢?在固定月薪的基础上还要支付由公司负担的那部分社会保险费、加班费、奖金和退休金储蓄等费用,一名员工的总劳务成本相当于他的基本工资的 1.8 倍左右。也就是说，公司为这名员工负担的劳务成本是 45 万日元。

除此之外，公司还要支付各种各样的费用开销，如机器、设备和电脑等的折旧费用，以及采购办公用品、缴纳房租和交际费、市场宣传促销的开支等。粗略计算下来，这些开销的总额大致与劳务成本持平。

综上所述，公司为一名基本工资为 25 万日元的员工每月要付出的成本是两个 45 万日元，也就是 90 万日元。

◆ 每一名下属必须创造多少业绩

或许有的销售人员会想："既然如此，那我每个月创造出 90 万日元以上的利润不就行了？"

然而，只要是公司，无论涉足的是哪个产业，都不可能只设有销售部门。比如行政部门虽然不直接涉及销售业务，但也是公司必不可少的一部分。也就是说，销售人员还必须把行政人员的那部分利润也赚出来，才能维持公司的开支。

那么，基本工资 25 万日元的员工一个月到底需要做出多少业绩呢？

假设公司将进价 70 日元的产品以 100 日元的价格销售

工资构成与销售目标

基本工资为 25 万日元

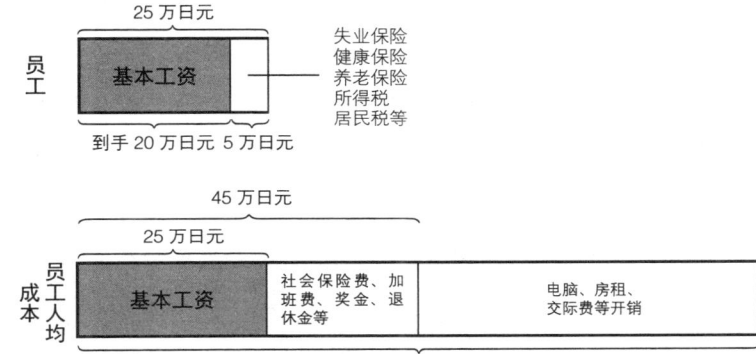

90 万日元＝基本工资的 3.6 倍！

在产品的毛利率为 30%、劳务费和其他成本总额为 90 万日元的情况下

假设 毛利＝员工人均成本，则

90 万日元 ÷ 毛利率 30% ＝ 300 万日元

销售额至少需要达到 300 万日元

让员工正确理解工资金额和应承担的责任，以此提升员工的工作积极性

出去。这种情况下，毛利率是 30%。假设全部毛利都用来支付劳务成本和公司的其他开销，那么在这种情况下，你的下属应该承担的销售额就是之前算出的人均成本 90 万日元除以 30%，即 300 万日元。

不过，这只是利润全部用来支付成本的情况，要获取能够保证公司未来发展所需要的合理利润，则必须创造出更高的销售额。

再加上行政部门的劳务成本，最终需要实现的销售额会是多少？公司涉足的行业不同，或者公司的固定成本与可变成本的比例等的不同，都会左右这个数字的多少。粗略估算下来，即使实现 500 万日元的销售额也可能仍然不够支付公司的总成本。

再回过头来看看你的下属，他们的工作是否创造出了这么多价值？对抱怨"工资太少"的员工，作为主管就有责任向他解释并让他理解目前的工资金额的含义。如果需要，也可以建议下属去职业介绍中心咨询一下以自己目前的条件能够拿到多少工资。了解了社会的平均工资水平，下属对工资的不满情绪应该就可以得到缓解。

不满情绪往往源于不够了解现状，而主管必须把现实情况介绍给下属。

➡ 主管要谈梦想和愿景

◆ **你是充满快乐地工作着吗**

"开车要靠燃料和扳手,用人要靠哲学和食物。"

这是本田宗一郎说过的一句话。

这个"食物"说白了就是工资,即对劳动者而言的实际好处。

但是,只有实际好处还不足以驱使人行动。人们既需要"实惠",同时也需要"乐趣",否则就不会汇集到企业里来工作。

高收入和高地位属于"实惠"的范畴,只凭这些条件也能吸引来不少员工,但是人不会就此而感到满足。只有发现了"乐趣",也就是让人感到激动和愉快的事情,才能提升工作动力。

而这个"乐趣"的有无,取决于企业或者说主管有没有一定的"哲学"。

这家公司为社会做了哪些贡献?进入这家公司能实现什

么目标?这份工作的价值又在哪里?

只有当员工感到激动和快乐时,生产力才会提高,公司才有未来。

所以,主管必须懂得足以驱动员工的用人哲学。

◆ 能量会扩散

让一个无精打采的人打起精神,这种苍白无力的要求根本无法说服别人。就相当于一个没有梦想的人,别人再怎么劝说让他去寻找梦想都是徒劳。用人的主管必须以身作则,要对工作充满激情,并且要经常畅谈自己的梦想和愿景。

能量会扩散,激情会传染。

做主管的必须先激情四射,然后才能点燃下属们的激情。

可以对下属说出你的愿望,畅谈你的理想,即使它只是你个人的梦想也没有关系。

不过,在谈论自己的梦想或愿景之前,主管还需要先对行业的情况和社会的整体动向有充分的理解和认识,否则谈话就会言之无物。作为管人用人的主管,你应该做到眼观六路、耳听八方,做部门里精力最充沛的人。

主管的激情会传染给下属

主管需要激情澎湃地畅谈梦想和愿景。这样才能点燃下属的工作激情

➡ 影响下属的潜意识

◆ 用教练法找回自信

过去的失败经历会给一些人留下心理阴影,使他们失去自信。面对这样的下属,很多主管都一筹莫展,不知该如何提高他们的工作积极性。在解决这类问题时,我们经常使用一种叫作教练法(coaching)的方法,即通过问答形式的交流,让对方选择出自己应该采取什么行动。

如果只是流于形式,单纯作为方法而引入教练法其实起不到任何作用。但是如果你真心为下属着想,希望他重新振作起来,找回失去的自信,发挥出真正的实力,那么这将是一种有效的方法。

教练法也可以由主管来实施,但是如果下属能够掌握"自我教练(self-coaching)"的能力,他就可以更加勇往直前了。因为不依赖第三者的教练就能够实现进步的人才是真正自律的人。

"自我教练"是一种根据特定的规则、原理和原则进行自我提高的方法,如果下属能够有效地运用这种方法,调动出积极的潜意识,那作为主管也就没什么可挑剔的了。

◆ 不要小看潜意识

什么是潜意识?人的意识包括自身能够察觉到的显意识和平时察觉不到的潜意识。

如果把这两种意识比作冰山的话,那么显意识就是露出水面以上的部分,而潜意识则是淹没在水面以下的部分。

据说冰山隐藏在水面以下的部分是水面上的好几倍,潜意识对我们日常生活的支配程度之大也是显意识完全无法匹敌的。

显意识和潜意识的关系与骑手和马的关系也很像。无论骑手多么想走到某个方向,如果马执意要去另一个方向,那最终还是会走到马要去的方向。

此外,需要跃过障碍物时,如果马没有跳过去的自信,即使骑手觉得能够跳过去并且为此而努力,最后终究还是跳不过去。

那些被潜意识所束缚,始终走不出失败阴影的下属,就是没有信心跃过障碍物的马。

潜意识和显意识的关系图

潜意识对行为造成的影响不可估量！ → 改变潜意识，就能改变行为！

显意识

潜意识

潜意识的特点

① 没有"时间概念"。
② 能够理解"语言"并做出反应，但本身没有语言，只能用意象作答。
③ 很"单纯"。
④ 无法区分意象与现实（显意识给予潜意识的意象在潜意识中就是现实）。

© 人类科学研究所（Human Science Laboratory）

通过教练法影响潜意识，提高员工的工作积极性

遇到这样的下属，只要通过适当的方式，向他们的潜意识输入成功经验的积极意象，就能够帮他找回自信，发挥出真正的实力。

小孩在成长过程中，如果总是听到大人表扬自己"真优秀"，他的潜意识里就会被植入"我是个优秀的人"的意识。这样的孩子即使遇到些许困难也不会退缩，最终能够不断地提高自己的能力。相反，如果一个小孩总是被大人批评"真没用"，他就会对凡事都没有信心，即使本来也许能做好的事情，也会在做之前就感到灰心丧气而放弃。这种现象被称为"皮格马利翁效应（Pygmalion Effect）"，反映了潜意识对我们行为的巨大影响。

用人亦是如此。切勿轻视潜意识的影响力。

主管需要影响下属的潜意识，向他们的潜意识里输入积极的意象。

通过记日记变成"理想中的自己"

◆ 刺激潜意识的"四行日记"

人拥有两个自我形象,分别是"现实中的自己"和"理想中的自己"。如果这两者相差过远,人就会感到郁郁寡欢。

人会在下意识里对相差过远的两个自我进行统一,并且往往会被拉向想法更强烈的一方。如果"想变成理想中的自己"的想法很强烈,现实中的自己就会变成理想中的样子;如果觉得"算了,我也就这样了",则无法得到进一步的提高。这种现象叫作"认知失调理论"。

"自我教练"对潜意识不断输入"理想中的自己"的形象,通过这种方法,使现实中的自己得到进一步的提高。由第5章将要介绍的 FFS 理论的倡导者小林惠智博士开发的"四行日记"就是其中的核心方法。我也是这种方法的实践者之一。

后文的"四行日记示例"是我自己写的四行日记。

第一行只陈述"事实"。不添加任何包含主观因素或者观点的内容。

第二行写从这个事实中察觉到的事。不是纯粹的感想，而是"发现"。

第三行写从这个发现中总结出来的"教训"。这是写给自己看的，内容要体现出自我改变的方向。

最后，第四行用来发表"宣言"，表明自己已经成为理想中的自己。宣言时要想象着"理想中的自己"，并体现出其个性特点。

据说只要坚持30~50天，就能塑造出积极的潜意识。

你可以建议失去自信的下属坚持写一个月的四行日记。把它规定为工作日志的一部分也是一个行之有效的方法。当然了，作为主管的你也一定要亲自实践一下。

坚持写四行日记，不仅可以使自己通过不断的觉察实现成长，还能让理想中的自己的形象，也就是人生的目标，变得更加清晰可见。

"四行日记"的规则

◆ **第一行是"事实"**

回顾今天发生的事,从中选出一件自己认为非常重要的、印象深刻的事。用简短的文字只陈述"事实",不要带有任何个人意见、观点或者其他无关的主观内容。

◆ **第二行是"发现"**

记录"大发现",比如从事实中偶然感悟到的小小的法则,或者是通过事实领悟到的普遍原理或原则。这是潜意识在解决问题时所必需的关键内容,也就是人们所谓的"灵感"。

◆ **第三行是"教训"**

写下类似于应该铭记于心的"警句"的关键词,从而使"发现"升华为永生难忘的智慧。可以用自己的语言,也可以引用前辈或前人们留下的格言或谚语。其目的是将信息铭刻在潜意识里,让自己不会轻易忘记。

◆ **第四行是"宣言"**

只要有所发现并吸取了教训,自己的思想和行为就会自然而然地发生改变,成为应该达到或者实现的"目标"。利用这种心理作用,采用"我是一个~的○○"的形式,写下"实现目标后的自己"。通过想象克服了困难之后更加完美的自己,并且每天默念这份"宣言",就可以在自己的行为中体现出来。

七个规则

① 简洁明了(避免并列句)
② 使用日常生活中经常用到的简单词汇
③ 使用肯定式的表达形式
④ 不用否定性的词语
⑤ 宣言的主语是"我"
⑥ 宣言要写成现在完成进行时
⑦ 宣言必须以表示属性的词句结束

"四行日记"示例

- ○月○日
【事实】下属问我："你到底是相信我还是相信信贷公司的负责人？"
【发现】信任下属，下属才会为你做事。
【教训】以"下属是对的"作为从事工作的前提。
【宣言】我是一个信任下属的上司。
【宣言】我是一个会用人的上司。

- ○月○日
【事实】在电视上看了《下妻物语》。
【发现】年轻人有年轻人的理想。
【教训】要接受不同的价值观。
【宣言】我是一个能够接受各种价值观的人。

- ○月○日
【事实】女儿说："我把江之岛的房子收拾好了。"
【发现】父亲的职责也包括允许女儿做她自己想做的事。
【教训】要尽到父亲应尽的职责。
【宣言】我是一个支持女儿寻找自己的幸福的父亲。

- ○月○日
【事实】去参加了朋友的寿司店的开业仪式。
【发现】志同道合的伙伴是无价之宝。
【教训】有朋友相伴才是幸福的人生。
【宣言】我是一个正在和伙伴一起为梦想拼搏的企业家。

- ○月○日
【事实】在巴厘岛的丽思卡尔顿酒店体会到"笑容才是最好的服务"。
【发现】发自内心的笑容来源于员工的幸福感。
【教训】要通过招聘和培训来创造充满笑容的环境。
【宣言】我是一个正在创造充满笑容的环境的组织改革支持者。

- ○月○日
【事实】在人事改革项目中围绕如何制定等级标准进行了讨论。
【发现】基层员工的讨论更加激烈认真。
【教训】要在前期调动气氛，在关键问题上要挖掘本质。
【宣言】我是一个正在成功进行组织改革的支持者。

领导力培训讲座 3

把金钱和时间投资给自己

制定经营计划时,经费预算中会包括一部分叫作"未来开支"的经费。这笔开支是企业为将来所做的投资,科研经费就是其中的代表。科研经费所占比例越大的企业,实际中取得的业绩也越好。也就是说,着眼于未来的企业,现在也很强大。

人也是一样。你的现状是过去的结果。如果对自己的现状不太满意,那或许是因为过去还不够努力。要想尽快达到令自己满意的状态,应该马上从力所能及的事情开始做起。

比如,参加资格考试的培训班也是一种很好的自我投资。虽然考试取得的资格不一定马上就能运用到工作当中,但人生没有徒劳的努力。总有一天它会直接或者间接地助你一臂之力。

当然,自我投资并不是只与工作有关。考取资格证书的过程也是培养专注力和坚持力的过程。而且在这个过程中说不定还会交到新的朋友。总之,自我投资有着数不完的好处。也就是说,通过自我提升将自己的人生变得更加美好,这才是自我投资的终极目标。

可能有很多职场人士平时经常加班到很晚,担心没有精力再去自我投资。时间不是自己送上门来的,而是靠自己创造出来的。我们只能想办法从繁忙的工作、生活中挤出用于自我提升的时间。

我在立志成为中小企业诊断专家,为此而学习的时候,也曾经过过这样的经历。为了能在电车里看书,即使要多花一些时间,我也会在上下班的路上选择避开乘坐那些过于拥挤而无法读书的车次。

就算不考取资格证书,阅读经管类和自我启发类的图书也是一种很好的自我投资。现在就从身边力所能及的事情做起,开始属于你的自我投资吧。

第 4 章
主管的心胸和气魄

首先从改变自己开始

◆ 不要埋怨公司和下属

很多上班族喜欢抱怨:"我们公司根本就没有什么方针。"

一些企业确实没有明确的方针。不少中小企业只是处理眼前的工作就已经忙得不可开交,根本顾不上去考虑公司是在朝着什么方向前进。

即使是大企业,也有的因为制定的方针过于抽象,每名员工对其理解各不相同,导致员工抓不准公司的大方向。

除此之外,还有不少上班族习惯在部门工作进展得不顺利时埋怨公司、主管甚至下属。

"都是因为公司的方针有问题。"

"都怪主管的管理能力太差。"

"因为下属不听指挥。"

但是抱怨解决不了问题。如果公司没有方针,那就自己制定一个;如果方针过于抽象,那就把它转化成更加具体的内容。这才是主管应该做的工作。

拿公司没有方针做借口的主管或许只是不具备将抽象内容具体化的能力，也就是属于不会思考的主管。

没有现成的就自己来创造，这也是一个施展自己能力的机会。

吐槽、抱怨很简单，难的是改变公司和下属，创造出一个不再有人抱怨的工作环境。

不用我说大家也都知道，改变环境非常难，那就不妨先从改变自己开始。实际上，运行不畅的组织，其问题大多出在主管身上。这话或许有些不入耳，但只要身为主管的你率先改变自己，大部分问题都会有所好转。

让我们首先从改变自己开始吧。

➡ "人气主管"的必要条件

◆ 下属也有选择权

有一家公司采用"公开演讲招募"的形式组建团队。该公司决定开展一项新业务时,会先让管理层干部分别围绕新业务的构思和愿景发表演讲,从这些人中选出业务带头人。然后,带头人在公司内部公开招募主管,主管再招募团队成员。这种体制能够确保团队从上到下的所有员工都对项目充满干劲和热情,业务的成功率也会提高。

如果让你以主管的身份用这种形式招募团队成员,会有多少人愿意在你的手下工作呢?如果没人跟随你,你就绝对当不成这个主管。

在否定下属之前,请先扪心自问:我是否得到了下属的认同?

那么,下属都愿意在什么样的主管手下工作呢?下面就为你提示几个关键点。

◆ 不当"名人"当"达人"

日语中有两个词可以表示"技术高超的人",分别是"名人"和"达人"。日语词典《广辞苑》将它们分别解释为"技术精湛的人"和"精通学问或技艺的人"。"名人"拥有精湛的技术或手艺,并能以此为生。在社会上,这样的人也非常值得我们尊敬,但他们多少带有一点"独善其身"的味道。

相比之下,能称得上"达人"的人是在自立的基础上,还能够进一步自律的人。

"达"的繁体字"達"由"辶 = 道路""土"和"羊 = 宝物"组成,带有"走在路上并从土里寻找出宝物"的含义,饱含着对幸福的渴望。

由此可见,"名人"和"达人"的最大区别在于"能否发现幸福"。

主管不能只顾着磨炼技术,提升自我。主管还必须严于律己,以身作则,努力让自己和下属、公司都获得幸福。"名人"和"达人"的这个区别一定要铭记于心。

◆ 坚持信念

"决策"也是主管的一项工作。在面临二选一的抉择时，主管要决定团队前进的方向。这是业务员和监督者都做不到的重要工作。

"决策"和"判断"的含义不同。判断是指在能够分析信息、充分掌握情况的来龙去脉的基础上做出决定。它具有逻辑性，在一定程度上能够预测正确答案。

然而，大多数的主管在决策时都摸不准正确答案是什么。主管只能在前方迷雾重重的状态下做出决定，选择一个，放弃另一个。

举一个极端的例子。假设一家人乘坐的船沉没了，妻子和孩子同时落水，而丈夫只能救起一个人。这时，他会救谁？

这种情况下所做的选择就是决策。主管必须拥有一套自己在关键时刻的行事准则。即使无法得知是不是正确的答案，根据自己的想法必须要做出这个选择。支撑这种判断标准的就是"信念"。

◆ 别说"这是上头的指示"

"这是上头的指示，不是我决定的……"

"我给你的评价并不低,但是没办法,谁让上面又调整了呢……"

遇到公司突然调整方针,或者给下属的考核结果不甚理想时,很多主管常会这么说。

但这种话一旦在下属面前说出来,就相当于放弃了主管的职责。这种发言只会让下属觉得你是一个没有任何权限、没有自己想法的主管。

身为主管,必须有一套自己的想法并将信念坚持到底,在下属面前,一言一行都要毫不动摇。

◆ 主动问好

很多公司还保留着一种风气,认为级别较低的人要主动问好。但是其实应该是,谁先看到对方谁就主动打招呼问好。

如果总是等着下属先开口问好,那难免会给下属留下心胸狭窄的印象。

微微一笑,热情问好。我当了经营者以后一直把这作为自己的行为准则。

通过微笑可以传达出"我是你的伙伴,我对你有好感"的信息。所以,主动微笑问好的主管自然能和下属打成一片。

主管主动并且热情、愉快地问好能给团队带来一抹亮丽的色彩，能创造出充满活力的工作环境。

抛掉等待下属向你问好的陋习，努力做一名无论何时都面带微笑、主动向下属问好的主管吧。

教会下属做"工作能人",而非"公司人"

◆ 别讲做什么,要讲为什么

有些主管在指导下属时,只讲如何做好眼前的工作,并且讲得面面俱到。

当然,也可能有的员工不教那么细就不知道自己应该怎么做。

但是,这种"只见树木不见森林"的做法培养不出优秀的人才。主管需要讲的是工作目的,即眼前的工作在整个团队中能起到什么作用,完成这项工作的意义又是什么。

明确了业务的整体情况,了解到自己负责的工作在其中的意义,员工的积极性也会提升起来。

我们再拿爬山打个比方。团队的目标是爬到山顶,如果只告诉队员们具体的爬山路线,一旦途中遭遇山体塌落或桥梁坍塌等特殊情况,队伍就无法继续前进。但如果事先了解了整个山体的地形和构造,当既定路线走不通时,队员们还可以凭借自己的力量发现其他路线,最终到达山顶目的地。

"公司人"和"工作能人"的区别

"公司人"

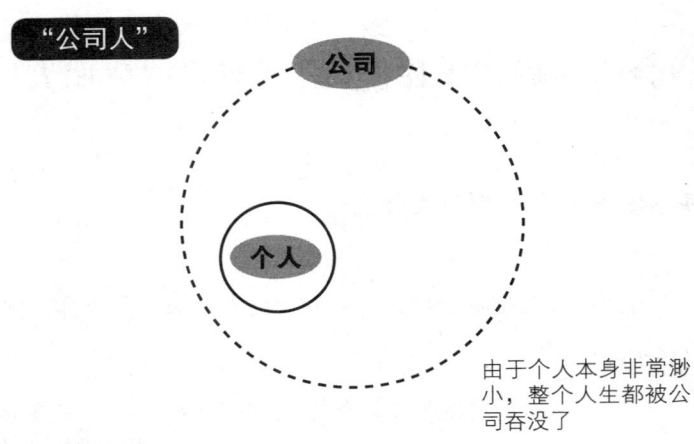

由于个人本身非常渺小,整个人生都被公司吞没了

"工作能人"

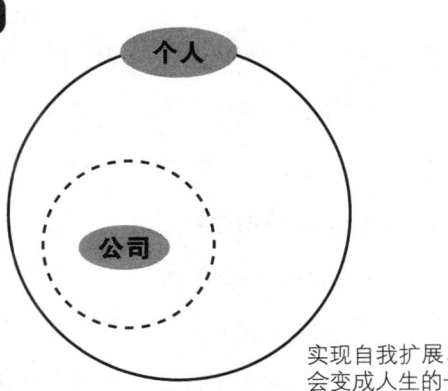

实现自我扩展,公司就会变成人生的一部分

"公司人"止步不前
"工作能人"茁壮成长

能够在工作中俯瞰全局的人不论做什么工作都能胜任。培养这样的员工，就是教下属做"工作能人"，而不要做"公司人"。

"公司人"习惯把自己埋没在公司的存在之中。他们经常抱怨："我把整个人生都奉献给了公司，公司为什么还看不到我的付出？"

这种人的自我本来就很渺小。就算他把整个人生都奉献出来，也成不了大事，对公司来说仍然是微不足道的存在。

如果你的下属是这种人，你必须先引导他扩展自我。

实现了自我成长之后，公司就会变成他人生的一部分。当然，对于公司来说，他也会变成更重要的个体，从一个"公司人"，变成走到哪里都玩得转的"工作能人"。

当然，这个道理也同样适用于身为上司的你。

➡ 下属不是客户的奴隶

◆ 不要曲解"客户至上"

前面我曾经提到,主管的工作包括业务管理和员工管理。业务管理做得不到位的一个表现是工作没有界限。

近年来,越来越多的企业将客户满意度(CS)作为企业经营的首要意义,即人们常说的"客户至上主义"。

"客户至上"是企业运营中不可忽略的重要理念,但是如果曲解了其中的含义,就有可能会给员工造成极大的负担。

我们都知道"客户就是上帝",但是也有一些"客户"利用自己的"上帝"身份任性妄为,对企业百般刁难。甚至还有人会找各种借口将一些明显与业务无关的私人要求推给企业。

要想满足所有这些要求,一天就算有48个小时也不够用,搞不好还会耽误正常业务的运作,影响为更重要的客户所提供的服务的质量,导致成本增加,效率低下,下属也会疲惫不堪。

◆ "分内事"和"分外事"

当下属遇到刁难人的"上帝"时,你作为主管应该怎样做?

无论再怎么重视顾客满意度,宣扬"客户至上主义",公司的业务作为一种商业行为,都应该划清"分内事"和"分外事"的界限。

这件事真的属于提升客户满意度的服务范畴吗?还是应该由客户方面自己负责呢?明确两者之间的界限也是"业务管理"的一项工作。

下属不是客户的奴隶。

记住,保护那些被客户使唤得团团转的下属也是主管应尽的职责。

"责任我来负"的真正含义

◆ 辞职不等于负责任

我们在电视剧中经常看到这样的场景：某个人慷慨激昂地宣称"这件事的责任我来负"，同时递上辞呈。这种负责任的方式看似潇洒，但实际上对公司和经营者来说却解决不了任何问题，纯粹就是一种逃避行为。

在现实工作中也上演这么一幕，不但起不到任何积极作用，反而可能会被骂"开什么玩笑"吧。

例如，有人策划了一个没有市场前途的产品，还固执己见地一定要让它上市，并说"我来负责任，交给我吧"。结果这个产品真的卖不出去，给公司造成了几千万日元的损失。这时，如果他说"责任在我，我辞职"，那就是最不负责任的行为。

如果真要负责任，就应该赔偿那几千万日元的损失，或者在下一个项目中创造出更多的利润。

如果连这个觉悟都没有，就不应该随便声称"我来负责任"。

再来看另外一种情况。下属提出了一个策划方案,他本人跃跃欲试,但实际上能不能成功很不好说。这时你应该怎么办?

你很希望下属做出一番成绩,也很想支持他。因为如果策划取得成功,对下属本人来说就相当于实现了一次飞跃。可现实却是,说不准能否成功。

"没事儿,责任我来负。这个想法也符合我的方针,你就尽管放手去做吧。"

这么豪迈的台词想必谁都想说一次试试。但是在这种情况下,如果真心为下属着想,就应该事先把情况汇报给自己的上司或经营者。可以这样说:"出于种种考虑,我决定让下属放手去做。如果失败了,请把责任算到我的头上。"

之后就看经营者或者上司如何判断了。如果他批准了你的想法,即使最后失败了,还可以通过在下次工作中做出好成绩将功补过。对下属来说,失败的经历也会转化为教训,让他在下一份工作中做得更好。

不过,如果不是出于为下属着想的真情实意,而只是想自己耍酷过瘾就说"我来负责任",那就另当别论了。

用人的根本是"发自真心地为下属着想"

◆ 你心里怎么想，下属都能感受到

你是否把下属当成一颗棋子，只是通过他们来实现自己的工作目标？

你是否觉得下属就是自己的工具，没有用处的话可以随时更换？

你是否想过"这家伙我要趁早把他扔到别的部门去"，或者"利用他们成就自己的功名"呢？

如果你是这样想的，下属一定能够感受到你的想法。即使表面上装出一副关怀下属的假象，不经意的一个表情或者只言片语还是会暴露你内心的真实想法。

光靠经验和技术吸引不来任何人。

尤其在10人以下的小团队中，就算你做足了表面功夫，使出教练法等带人技术，下属也一定会察觉到你潜意识里的真实想法。

◆ "我要想办法把他培养成才"

那么，用人的根本是什么？答案只有一个，就是要真心实意地为下属着想。

恐怕有人要问，怎样才算是真正为下属着想？为下属着想，就是下决心将下属培养成能够独当一面的人才。

"我要想尽办法把他培养成才。"

如果你发自内心地这样想，你的这份心意也一定会传达到下属的心里。

特别是对于新人或者资历尚浅的员工来说，主管的这份决心尤为重要，甚至可以说它决定了一切。

新人从第一个上司那里受到的影响是不可估量的。这个角色重要到甚至会决定他今后的人生。

对于下属来说，主管就是影响力如此巨大的存在。

想讨下属喜欢,反倒让人退避三舍

◆ 把下属培养成才要 3 年

前面我提到,如果真正为下属着想,就要下决心把他培养成独当一面的人才。那么,"独当一面"具体指的是什么呢?

用一句话概括就是,即使有一天公司倒闭了,他也不至于流落街头。也许有人觉得我太悲观,但只要是公司就终究会有倒闭的一天。不说是在 5 年之后或是 10 年之后,总之公司是永远也不能彻底摆脱倒闭的风险的。

当那一天到来时,你要确保下属已经具备了必需的实力,能够独立生存下去,或者找到待遇更好的工作。这既是主管的工作,更是主管对下属真正的关怀。

培养的时限是 3 年。

要在 3 年之内把下属培养成才,需要相当严格的指导。

然而,最近很多年轻的主管不愿意被下属讨厌,于是在指导工作时也变得不那么严格。表面上这是对下属的照顾和理解,但实际上这说明主管并没有真正为下属着想。

此外，有一些主管心疼陷入困境的下属，就把他们该做的工作揽过来自己做。

还有的主管不让下属加班，自己一个人扛着，这也是主管失职的一种表现。

可悲的是，这种主管经常还会产生这样的想法："我这么为下属着想，他们为什么都不理解我？"

其实，这样的用人方法只会带来反作用。越是不会批评人的主管，其下属的离职率越高。

过于期望讨下属喜欢的人，即总是追求相安无事的人当不了好主管。因为"不想被人讨厌"的想法会扰乱他的正常判断。该说的时候不说，这样的主管既指导不了下属，也做不好管理工作。

就算暂时被下属讨厌，只要是真正为下属着想，总有一天他会理解你的良苦用心。只有这样的主管才能够让下属信赖。

不要批评，要发火

◆ 人是感情动物

培训或者指导别人时，"不要感情用事"是个一般性的原则。也就是说，指导下属时不能过于情绪化，要始终诉诸理性。

但我倒认为主管不能完全否定感情，甚至应该充分运用感情。

之所以这么说，是因为人都是感情动物。可以说人类之所以能度过艰苦而漫长的岁月繁衍至今，其中一个原因就是因为人具有感情。

害怕的时候表现出恐惧，开心的时候表现出喜悦。感情为人类创造了交流的契机，使人们能够彼此理解。

而且，感情和表情还是全世界通用的语言。无论是欧美人、亚洲人还是非洲人，感到吃惊的时候都会睁大双眼，做出试图看清全貌的表情。

因此，感情也应该被充分运用到对下属的指导中。

运用感情是指充分地表达自己的喜怒哀乐。下属取得的

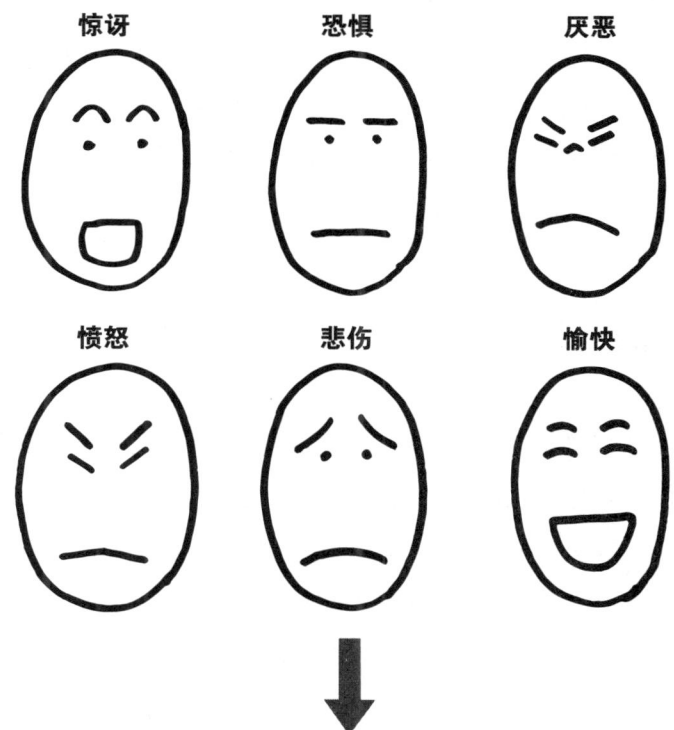

表达基本感情的六种表情

惊讶　恐惧　厌恶

愤怒　悲伤　愉快

表情能够表达人的感情，是全世界通用的语言，也是最好用的沟通工具

人是感情动物。
在工作中也应该充分发挥感情的作用

成绩超乎预期时，就应该喜出望外；相反的场合下，则应该大发雷霆。

如果每个成员都不表露出自己的表情，彼此之间在感情上没有任何互动，团队就不会产生凝聚力。

在这样的团队里体会不到工作的喜悦与团队合作，最终会导致创造力逐渐衰竭。

◆ 用真心对下属

人们常说"可以批评，不要发火"。这是因为发火是感性行为，而批评是基于理性的指导。

无论多么小心注意，有时人们都难免会犯一些由于马虎大意造成的错误或者单纯的低级错误。针对这种失误，理想的处理方法是找下属单独谈一谈，条理分明地指出他的过错。

但是，当下属明显使用了卑劣的手段，违反了公司的方针或规章，或者出现明显的消极怠工的情况时，主管则应当毫无保留地表达出自己的真实感情。

这是只有真正为公司和下属着想的主管才会有的情感流露。

"我这么关照你，你怎么就不明白我的心意？！"

"大家都在为了公司而努力工作,为什么只有你这么为所欲为?!"

下属的敷衍了事,当然是不能允许的。如果不将这种发自内心的愤怒感情传达给下属,团队做什么工作都只会半途而废。

当然,纯粹出于个人感情或好恶的发火是要杜绝的。只要是出于真正为公司着想而产生的怒火,就一定能够得到下属的理解。

➡ 下属遇到困难时主管就要显身手

◆ 下属不会忘记你的帮助

下属在陷入危机的时候，会真正感激主管的帮助。人一辈子都不会忘记在遇到困难时别人给予自己的帮助，也一直都会记得情绪低落时别人不经意间的一句鼓励。

然而，最近很多主管的做法却正好相反。平时下属工作得一帆风顺时，说些好听的捧下属高兴，而到了关键时刻，却摆出一副事不关己的态度，恨不得马上撇清关系。

即使平日指导得有条有理，下达的指示都准确无误，这样的主管恐怕也不会得到下属的信任。

下属陷入困境时，正是主管赢得下属信任的绝佳机会。如果是平时相处得不太融洽的下属，就更应该借此良机来扭转关系。

◆ **你能真正袒护下属吗**

我在咨询工作中接触过一家中小企业,曾经发生过这样一件事。

该公司的销售员小Y负责向销售代理商推销产品。有一次,他和代理商之间产生了一些矛盾,最后不得不和总经理一起去给代理商登门道歉。

但是,不管他们再怎么赔不是,代理商就是不依不饶,不停地指责小Y。最后,原本是来道歉的总经理终于忍不住了:"我们的员工并没有错。你既然觉得他那么差劲,那么就千万不要再和我们做生意了。"说罢,就愤然离开了代理商。

震惊的小Y在回公司的路上向总经理坦白:"总经理,这次真的是我不对。"不料总经理却回答:"我当然知道是你的不对。但是如果连我都不出面袒护你,谁还会站在你这一边啊。"

多有气魄的总经理啊。当主管的就应该像他这样。

只要想到背后永远都有主管在做自己的坚强后盾,下属就会更加努力地创造出优异的成绩。

怎样和女员工打交道

◆ 非正式团体的领导是谁

身为用人之人,主管绝对不能因为性别或学历而不公正地对待下属。安排工作应该着眼于他们每个人自身的特点,考虑到其能力和性格的不同。

职场中当然不能有性别歧视,但也有一些应该考虑的问题。比如,对于男员工和女员工在体力上的明显差别,还有女员工所特有的生理特点,做主管的都要给予最低限度的照顾。此外还需要注意,女性员工有时还会以她们所特有的方式,形成某些特殊的团体。

与男性相比,女性更倾向于基于个人感情组建起有别于公司组织的非正式团体。这个非正式团体里自然也会有领导。在某些情况下,这个领导甚至比公司正式组织的领导还要大权在握。

如果成了那个领导的眼中钉,主管就无法带领团队、指挥下属。只有认清非正式组织的领导并与其建立起良好的关系，主管才能领导好女员工。

◆ 伸出援手，为她解忧

就算是女性特有的非正式组织的领导，也会有她自己的烦恼。比如，自己比别人更加拼命干活，却导致手里的工作越来越多；虽然常为别人排忧解难，却没人倾听自己的心声等等。对于女员工的这些烦恼，主管也必须伸出援手。

在和女员工的相处方面，我经历过很多次失败。不过，这些经历让我发现，无论是什么样的女员工都会有需要寻求帮助的时候，而主管千万不能错过这些机会。

不过，要是弄错了时机，或者表现得过度热情，多管闲事，则也有可能会栽跟头。所以还是慎重行事为妙。

总而言之，不论男女，下属都是有血有肉的人。在他们遇到困难时，主管都应向他们伸出援手，耐心地倾听他们的烦恼。这个基本立场是不变的。

了解并支持下属的人生规划

◆ **创业梦想对公司大有好处**

要想把下属培养成独当一面的人才，就需要了解下属将来想做什么、想过怎样的人生，否则便无法给予他恰当的引导。

比如，现在实行终身雇佣制和讲究论资排辈的企业越来越少，不少年轻人都怀抱有朝一日自己去创业的梦想。如果你的手下也有人打算在公司锻炼 10 年，然后独自去开创事业，你作为主管应该怎样做？

你能否给他一些积极的建议，告诉他努力做好眼前的工作就会对今后的人生有所帮助？还是觉得这种迟早要离开的人索性不管为好？

无论在什么情况下，主管都应该帮助和支持下属。你有责任针对下属今后的规划提出合理的建议，比如眼下的工作对今后的事业会有什么帮助、要趁现在建立起哪些人脉基础等等。

拥有强烈的创业梦想的人，其工作的能力和动力本来也很高。如果原本打算 10 年后独立创业的人在你的指导下，在工作的过程中，发现在这家公司也能实现自己的价值，那就再好不过了。而如果公司汇集了众多的这种善于自律的人才，也会成为真正具有强大实力的公司。

◆ 让下属希望成为"像主管那样的人"

那么，对于那些将来想要进入高级管理层或者想当总裁的下属，又该如何指导呢？

应该意识到，在这种下属的眼中，主管的言行举止就是一面镜子。

"现在虽然经验不足，发挥不出自己真正的实力，但只要努力工作提升自己，总有一天我也能像主管那样精力充沛地驰骋职场。到那时，我的责任会更重，但工作起来肯定也会更有意义。"

主管应该让下属产生这样的想法。向下属展现出自己享受工作、精力充沛的一面，这也是培养下属的一个环节。

告诉下属将来社会需要什么样的人才

◆ 帮下属制定职业规划

在培养下属的过程中,不仅要告诉下属当今社会对人才的需求,还要告诉他 5 年后、10 年后的未来社会需要什么样的人才。

随着人口老龄化进程的加剧,很多国家调整了退休政策,今后上班族的工作年限或许还会变得更长。这就意味着人生会更加漫长,因此每个人都有必要明确自己的人生战略和职业规划。

称职的主管要启发下属,让他意识到为了实现大幅度的自我提升应该学习什么、应该如何改变自己。为此,主管需要先打磨自身的素质,了解社会各领域的信息。

中国的发展趋势、美日同盟的今后动向等国际形势自不必说,对前沿技术资讯、低速增长时期劳动环境的变化、价值观多元化背景下的市场走势等也要有所了解,否则便无法对下属做出恰当的指导。

◆ **描绘阶段性蓝图**

孔子的《论语》里写道:"三十而立,四十不惑。"我要讲的道理虽然没有《论语》那么深奥,但引导下属明确地描绘出 30～40 岁、40～50 岁等各个阶段的蓝图,这也是职业规划的一个重要组成部分。

软银(SoftBank)的总裁孙正义曾经为自己描绘了这样一组蓝图:"20～30 岁入行,30～40 岁筹集到 1 000 亿日元资金,40～50 岁决出胜负,50～60 岁完成事业,60～70 岁用来传承。"

自己的下属到了 50 多岁时,社会将会变成什么样?要想在那个社会中独当一面,眼下应学会哪些本领、付出什么行动?主管在指导下属时需要拥有这样广阔的视野。

是上班族就会有不满

◆ 大企业和中小企业都一样

"怎么刚一当上主管,工作就这么多。"
"我这么拼命,可上司和下属根本就没人察觉到。"
"管理职位怎么有这么多不讲道理的工作。"
这些都是主管们的抱怨。

千万不要忘记,只要选择了上班族的人生道路,成为组织中的一员,必然就会产生各种各样的不满情绪。

这与企业的规模大小无关。无论是在中小企业或小微企业工作的上班族,还是在大企业工作的人,虽然抱怨的内容有所不同,但大家终归都会有不满。

要想拥有没有不满的人生,要么辞职做自由职业者,要么创业自己当老板。两条路都是自己说了算。如果有什么不满意的地方,改成符合自己心意的就是了。

创业者与上班族的工作对比

分类		项目	创建组织的创业者（经营者）	加入组织的上班族
不满	事业极限	成长壮大	无限	公司
		现场应对	可由他人替代	公司
	社会影响力	影响力的大小	可以通过产品改变生活方式	公司
		影响力的形式	直接影响	公司
		社会贡献、客户满意度	大	中
	工作报酬	收入、所得	无限	小
		社会信誉	非常高	一般
		市场价值、技能的提升	大	中
		人脉	大	小
	工作满足感	快乐、自我价值、成就感	大	中
		屈辱、疏离感	内容和性质有所不同，但程度相同	
		与伙伴共享喜悦	大	中
	工作自由度	决策的自由度	大	小
		强制性指示、命令	无	大
		部门、岗位调动	因身份原因受部分限制	受组织强制
		规章（制约）	小	大
		自由程度	大	小
	工作流程	组织的梦想和个人的梦想	高度一致	不太一致
		竞争对手	同行业者	同事（同类职位的人才）
		评价者	利益相关的所有成员	上司（及同事等）
不安	附加值来源	差异来源	产品、商业模式	公司
		利益来源	组织、经验与技能	公司
		工作	（本人＋）员工	公司
	工作责任	雇佣员工的责任	大	无
		培训员工的责任	大	中
		股东施加的压力	有（或无）	无
		自负责任	大	小
	工作风险	经济上的风险	大	小
		职业经历上的风险	中	大
	对工作的投入	应对变化	改变整个组织（难）	公司（非常困难）
		精神压力	非常大	中
		自我努力	大	中
		经费负担	公司（自己）	公司
	工作资源	组织提供的援助	中	大
		资源	小	中
	需要的能力	需要的能力	构思、实践、领导能力	协调性、忍耐力、接纳力
		人格魅力	非常大	中

◆ 创业就会伴随不安

然而,如果选择了创业,不安情绪就又会如影相随。

在依靠自己的体力和才智竞争的行业中,一旦自身健康出现问题,或者因为失误失去了客户的信任,马上就会丧失收入来源。如果雇用了员工,还有可能会影响到他们及他们的家庭。独立创业的人每天都不得不与这样的不安和焦虑做伴。

与此相对,上班族在遇到困难时一般能够得到公司的庇护。虽然会有不满,但不安和焦虑就要少得多。如今,即便是大企业也潜藏着破产的风险。不过,如果是因为公司的原因导致破产,员工一般不会被身无分文地直接赶出门外。就算主管负责带人,但毕竟主管不是经营者,也不需要承担工作上的所有风险。

只要是遵从自己的意愿,选择成为"工作自己做,风险别人背"的上班族,就请务必记住:上班族都会有不满。

教给下属工作与幸福的方程式

◆ 追求"想做的事"未必就幸福

我们应该怎样设定个人的梦想和目标?

人生总有三件事:"能做的事""想做的事"和"该做的事"。三者的重合部分就是自己的梦想或目标,或者也可以说是使命。

我们都容易偏重自己"想做的事"。这固然是最重要的事,但我们也必须时刻结合"能做的事",思考自己的能力和强项是什么。我们自身就是最好的工具,所以要优先将自己的个性最大限度地发挥出来。

比如你擅长跑步,那么即使你其实只是在快走,在周围人看来也可能觉得你是在跑步。只要把自己的长处充分发挥出来,它就会变成最强有力的武器。由于是自己擅长的领域,所以一般来说只需花费最小限度的努力,往往就能取得显著的效果。

相反,如果是不擅长的事,那么即使自己再怎么认真努力，有时在旁人眼里看起来也像是在闹着玩。

而假如那个不擅长的事正好是"想做的事"，那你恐怕就要为此付出相当大的努力，并且仍然极有可能得不到事先期待的回报。

◆ 首先考虑自己"能做的事"

首先深入分析自己"能做的事"，然后再去挑战"想做的事"和"该做的事"，"该做的事"也就是家庭、公司和社会期望你做的事。这样一来，实现人生目标的概率就会一下子提高很多。

当你把握好"能做的事""想做的事"和"该做的事"之间的平衡，将自己所做的事和这三者的重合部分完美地对应上时，你就会感受到实实在在的"幸福"。

作为一名主管，请先用这种思维方式来明确自己的目标。实现了这一步之后，再将这个道理告诉没有明确目标的下属，帮助他们通过这个办法实现充实而幸福的人生。这也是主管的一项工作。

工作与幸福方程式

不幸的状态

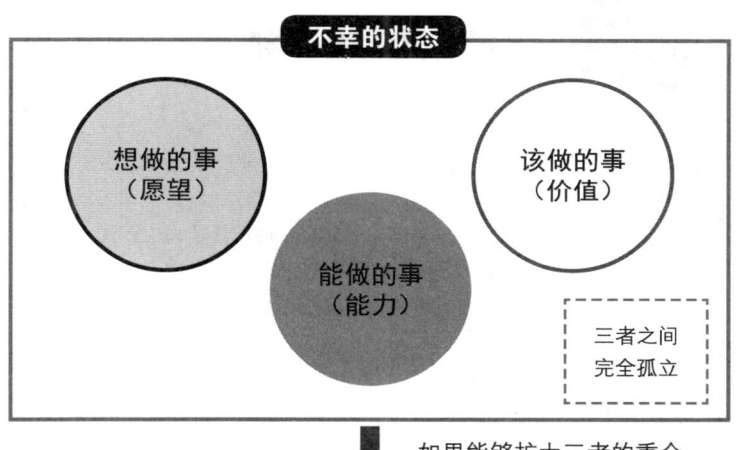

三者之间完全孤立

如果能够扩大三者的重合部分,就可以获得幸福

幸福的状态

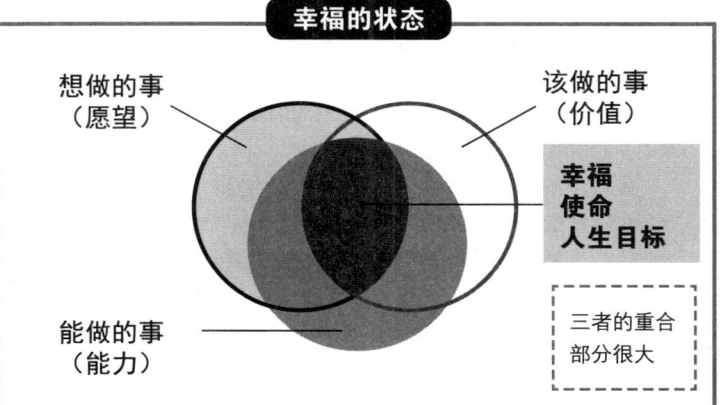

三者的重合部分很大

当自己所做的事与三者的重合部分一致时,就会感到幸福

领导力培训讲座 4

练就好气质，抓住好运气

我认为运气非常重要，甚至可以说是否善于抓住好运决定了人生的成败。

日本斯大精密公司（Star Micronics）的前任社长佐藤诚一先生在其著作《野心与远见的社长学》中说："三分靠实力，七分靠运气。"起初我对这个比例感到有些难以置信，但如今我觉得确实如此。

"幸运女神只有前面有刘海儿"，这是日本人常说的一句谚语。意思是说，如果不付出努力，随时做好周全的准备，就无法抓住幸运的机会。

此外还有一点，我认为"三分靠实力，七分靠运气"这句话里面也带有"做人要谦逊"的含义。在事业一帆风顺的时候，人们难免会变得骄傲起来。一旦深信事业的顺利运行全是依靠自己的实力实现的，人就会变得容易轻慢周围的人。这样一来，好不容易到手的好运也会溜掉。如果认为事业的顺利有七分是靠运气得来的，我们就能总是保持谦逊的心态。

另外，有些人认为自己运气差，于是他们总是下意识地选择放任好运溜走的生活方式。比如，如果潜意识里觉得自己没有魅力，不招人喜欢，那么在派对等场合就会自然而然地释放出"别来惹我"的信息。周围人察觉到这种气场，自然不会尝试去接近这个人，而这又加深了他原来的想法，觉得自己果然很不招人喜欢。

要想避免出现这种现象，就需要发现自己潜意识中的消极想法，并将它转化为积极的内容。

笑容和积极的心态正是吸引好运的终极法宝。

第 5 章

了解 FFS 理论,打造最强团队

➡ 通过 FFS 理论激发下属强项

◆ 绩效主义的功与过

既然主管的工作就是有效地利用下属来进行工作，那么就应该在准确地把握下属的强项和弱项的基础上，让下属的强项得以最大限度的发挥。

绩效主义甚嚣尘上已经有很长一段时间了，但众所周知，其效果并不理想。

绩效主义的失败案例都有一个共同点，那就是把团队的成果只看作是个人的业绩，据此分配有限的报酬，进而煽动员工间的竞争。

然而，随着组织结构的迅速发展和日趋复杂，越来越多的工作需要依靠团队或部门的合作才能取得成绩。将这些通过合作取得的成绩强行分配到个人头上，只会引发业务上的混乱。由此导致的人际关系的恶化会影响团队的业绩，还会造成下属对考核的不满及积极性的消减。

此外，考虑到日本人集体主义色彩浓厚的国民性，我们不难发现除个别情况以外,人们大都并不希望自己身处一种"草木皆兵"的竞争环境。

反倒是在团队(职场)中找到了自己的用武之处时,员工的干劲才是最足的。

当每名成员感到自己的强项得到了发挥,并且与其他成员之间相互弥补了彼此的弱项时,团队就会形成凝聚力,业绩也会随之提高。

事实证明,如果能把不同性格的人巧妙地组合起来,生产效率甚至可以提高 2 倍以上。

充分发挥个人的强项不仅能进一步提高团队业绩,还能调动每名下属的工作积极性。

◆ 了不起的 FFS 理论

FFS 理论是一种独特的思维方式,它为我们指明了一个实践方向,使我们能够充分发挥下属的强项,从而提高团队的业绩。

FFS 理论是一种"性格分析与组织人员编排法",由教育学和经济学博士、组织心理学家小林惠智先生首创,是他在 1979 年作为美国国防部国际战略研究所研究员参加"最佳组织人员编排项目"时开发的。

依据 FFS 理论进行的实验结果显示，在由性格相似的人员组成的同质型团队中，6 个人能够产出相当于 9 个人的成果；在成员性格各不相同但能互补的互补型团队中，8 个人能够产出相当于 12 个人的成果。这一结果已经通过大规模的实验得到了验证。

与之相对的是，在由性格各异的人员随机组成的团队中，10 个人只能够产出相当于 6 个人的成果。

如今，除了美国军队之外，FFS 理论还被广泛应用于日本企业的组织监督、体制改革、支援个人实现目标等各种规模的项目之中并取得了优异成果。

其中，有数家大企业实现了 V 字型复苏，一跃成为焦点话题。

由此可见，FFS 理论是一种实践性与成效性都很高的方法，也是我在做企业和人才诊断时必不可少的工具。本书经过受小林惠智博士授权从事 FFS 理论业务的人类逻辑研究所（Human Logic Laboratory）许可，在接下来的章节中详细介绍这套理论。

用 FFS 理论掌握下属的性格类型

◆ 基于 FFS 理论的性格分析

FFS 理论通过五种因素和压力（Five Factors & Stress）来分析人的性格，因此依据这几个单词的首字母命名为 FFS 理论。

如后文"FFS 理论基本矩阵"所示，五种因素分别指：A 凝聚性、B 接纳性、C 辨别性、D 扩展性和 E 保全性。

分析通过测试进行，测试共包括 80 道简单的问题，用 10 分钟就可以完成。

作为参考，后文的《简易版 FFS 性格分析测试表》中列出了 30 道问题，你也可以来尝试一下。每一道题目的回答可以分为从"YES=4 分"到"NO=0 分"的 4 个阶段，请根据自己的实际情况作答，并将对应的分数填入表格右侧 A～S 列中没有阴影的空格内。

然后将每一列的总分记入右下方的总分栏内，依据"FFS 理论基本矩阵"进行分析。

FFS 理论基本矩阵

特点	因素	A 凝聚性	B 接纳性	C 辨别性	D 扩展性	E 保全性
良性压力	积极表现	守德	宽容	理性	创造	顺应
		规范	肯定	分析	主动	持久
		（社会性）		（逻辑性）	（适应性）	
		指导	培养	条理	活跃	协调
恶性压力	消极表现	独善	干涉	机械	冲动	追随
		（非社会性）		（非逻辑性）	（不适应性）	
		支配	自虐	诡辩	破坏	妥协
		排他	逃避	随机	享乐	从属
特征		擅于指导他人，责任感强	经常照顾他人，为人排忧解难	冷静分析情况，做出合理判断	创造出新颖的、具有创新性的事物	做事注重细节，能长期遵守流程

日本人在这个测试中的平均得分为：A 凝聚性 10.03、B 接纳性 13.45、C 辨别性 11.06、D 扩展性 10.13、E 保全性 11.51、S 压力 7.94。把自己的分数与平均分进行对比，或者在自己的五种因素的分数之间进行比较，就能够发现自己的性格特征。

例如，凝聚性因素的数值偏高，说明这名答题者可以比较鲜明地表达出自己的思想和行为倾向。

※ 本书中列举的测试题仅适用于简易分析。

在进行正规的性格分析时，推荐大家使用由 80 道问题组成的完整版测试。本公司（MK 人力资源中心）可以提供完整版的测试分析。

◆ FFS 理论的个性分类

接下来我将简要介绍每种因素所呈现出的倾向，供大家在回答问题并统计出分数之后用作参考。

A. 凝聚性强的人

倾向于按照自己根据自身经验总结出来的标准来衡量事

FFS 简易版性格分析测试表

	题目	
		※ 每道题目请在 5 秒内作答，总答题时间请控制在 2 分 30 秒之内。
Q1	睡醒时很少处于心情舒畅的状态	
Q2	遇到厌烦的事情时经常一言不发	
Q3	容易因为一点小事就腹泻或便秘	
Q4	即使是朋友犯了错误也会严厉地批评或指责	
Q5	擅于发现他人的长处和优点	
Q6	将事物的客观事实和自己的主观理解划分得非常清晰	
Q7	比起做少数派，做多数派更让自己感到安心	
Q8	决不容忍他人背叛自己，无论对方是谁	
Q9	容易患花粉症、皮炎、感冒等流行性疾病	
Q10	当众讲话时，常会事先想好要讲的内容并顾及他人的感受	
Q11	比起文学性的内容，更容易理解科学性的内容	
Q12	严格遵守约定的时间并希望他人也能遵守	
Q13	认为自己是容易疲劳的体质	
Q14	想到什么马上说出口	
Q15	经常在他人说话时插话打断别人	
Q16	不擅长应对没有明确答案或者模棱两可的事	
Q17	即使没有法律规定也应当遵守义务和社会上约定俗成的规则	
Q18	能够很快发现对方言行上自相矛盾或者不合情理之处	
Q19	即使知道对方在撒谎，如果事情不大也会原谅	
Q20	得意忘形时容易做出一些过分的举动	
Q21	处理任何事都能随机应变	
Q22	好恶分明，并且都表现在态度上	
Q23	很难做到老老实实地待着	
Q24	尽量避免只是为了坚持自己的意见而引发争执	
Q25	认为自己爱操心，也被人这样说过	
Q26	和他人做相同的事、拥有相同的东西会令自己感到厌恶和不快	
Q27	别人拜托的事，即使自己并不方便也无法一口回绝	
Q28	遇到什么事马上会影响到食欲	
Q29	比起感性的内容，听到说明性的内容时更不会觉得疲惫	
Q30	常被别人说爱管闲事	

第 5 章　了解 FFS 理论，打造最强团队 / 167

(　※请将分数填入 A～S 列中没有阴影的空格内　)

YES (4分)	更偏向 YES (3分)	更偏向 NO (1分)	NO (0分)	A	B	C	D	E	S
			总分						

© 人类逻辑研究所

物。符合标准则接受,不符合标准则排斥。拥有坚定的价值观和信念,因此具有指导性,责任感也很强。具有擅于指导、守德、规范的特点。

B. 接纳性强的人

倾向于自愿且无条件地接纳外部的情况,比如他人的情绪。能为他人的幸福感到高兴,因此喜欢照顾人,经常为他人排忧解难。具有擅于培养、肯定、宽容的特点。

C. 辨别性强的人

倾向于迅速判断自己所处的内部及外部环境是否合理。能够冷静地分析情况并做出合理的判断。具有有条理、擅于分析、理性的特点。

D. 扩展性强的人

倾向于积极利用并吸收外部能量以实现自我的扩张和发

展。具有活跃、主动、创造的特点。

E. 保全性强的人

倾向于将自身的能量损失降至最低，以保全和维持自我。做事注重细节，按部就班，严格遵守流程。具有协调、持久、顺应的特点。

你的分析结果如何？如果觉得分析得有道理，就让团队的所有成员都来做一做测试吧。

一旦掌握了下属的性格和强项，主管用人就会变得更加得心应手。

不同类型下属的压力管理要点

◆ 压力能把优点变缺点

前面提到过，某一种因素数值较高时，这个人会相应地呈现出 A 指导、B 培养、C 条理、D 活跃、E 协调等五种性格特点。

但是这些积极的特点只有在适当的压力状态（良性压力状态）下才会表现出来。

如果遇到了人际关系方面的烦恼或者不能适应工作内容，压力处于不当状态（恶性压力状态）时，这五种因素则会分别呈现出 A 独善、B 干涉、C 机械、D 冲动、E 追随等消极的一面。

不仅如此，压力还会从这个人的数值最高的因素开始依次影响到其他因素的表现。

因此，当凝聚性数值最高的人才处在压力状态下时，本来是优点的指导性的思维和行为方式会最先转变成独善性的思维和行为方式。

也就是说，有一个非常令人惋惜的现象，在过度压力状态下，人才的强项也会最先变成他的弱项。

为此，主管有责任做出妥善安排，避免人际关系问题或者工作上的压力把下属的强项变成弱项。而其中的关键就在于人与人、人与工作的组合。

更不用说，在那些标榜绩效主义的组织和团队里，如果不能做到人尽其才、位得其人，就会引发这种最坏的结果。

此外，"测试表"中"S"数值偏高的下属很有可能正处在压力较大的状态，主管需要特别留意。

◆ 性格不同，压力产生的原因也不同

那么，怎样才能防止下属性格中的强项被压力转化成弱项呢？

后文"针对不同类型下属的压力管理要点"中列出了对具有不同性格倾向因素的人进行压力管理时的要点。

比如，凝聚性较高的下属拥有坚定的价值观和信念，因此他们产生压力的最主要原因是价值观和信念遭到否定。肯定他们的价值观，或者诉诸正义感，有助于提高他们的工作热情。

"你的信念是正确的,我希望你能充满自信地努力工作",这么说就能点燃这种类型下属的斗志。而如果强调"我们是志同道合的同伴",则不会产生什么效果。

可见,提高干劲的带人方法是因人而异的。

同样一句话,可能你听了会大受鼓舞,但下属听了却未必像你一样干劲十足。对所有人都重复千篇一律的指示或关怀,结果当然不会尽如人意。

另外,具有不同性格因素的员工在对工作手册的理解和用法上也存在着差异。

针对不同类型下属的压力管理要点

性格因素倾向	恶性压力关键词	心理压力的成因	压力下的状态	调动积极性的正确做法	调动积极性的错误做法	自我管理
A 凝聚性	否定	自身的价值观遭到否定。没有需要指导的下属	独善排他	诉诸正义感"你一直都是正确的，要有自信"	强调"我们是志同道合的伙伴"	自我肯定。拥有需要指导的对象。承担明确的职责。与他人分享价值观
B 接纳性	无视	被人轻视 被人引发危机感	干涉自虐	重视他的存在"要是没有你可该如何是好"	诉诸"危机感"	处在受人关注的立场，帮助他人。参加志愿者活动。受人欢迎。养宠物
C 辨别性	不合理	置身于人情世故等感性环境 处在无法认同的不合理的世界	机械诡辩	对其判断给予信任"用你精确的分析能力做出判断吧"	诉诸"情理"	负责做判断。进入自己的逻辑能行得通的世界。专注于数字系统架构或机械制造
D 扩展性	拘束	无法自由行动 行为受到制约或约束	冲动攻击	对其行为寄予期待"做点有意思的事，给大家一个惊喜吧"	诉诸"正义感"	发散性思维。踏上危险或没有目的的旅程。活动身体
E 保全性	放任	没有明确方针。被放到自由放任的环境。被期待做出创新。成为少数派	追随消极	意识到自己是团队一员"大家都在努力工作，所以咱们一起努力吧"	寄予"期待"	协调、同伴意识。和大家处在同一状态。能够放松。和伙伴待在能够静下心的地方

©人类逻辑研究所

请看右页的《不同类型下属利用工作手册提高知识和技能的方法》的表格。

假设你要利用工作手册的内容向下属传授工作流程。

如果下属是一个凝聚性很强的人,这时用强加于人的方式来做指导,他很可能会表现出强烈的抵触情绪。手册的使用方法应该尽可能地交给下属自己决定。

即使对于必须按照手册进行的工作,也应该尽量不露痕迹地加以指导,以免给下属留下强加于人的印象。

无论在哪种情况下,主管指导下属时都应该时刻意识到,每个人都有其独特的个性。

不同类型下属利用工作手册提高知识和技能的方法

类型	不同类型的工作手册利用方法	推广及利用工作手册时的课题
A 凝聚性	依照自己的选择决定使用方法和内容。只要感到"强加于人"的倾向，就会表现出强烈的排斥和彻底抗拒	留下供个人选择的余地。让员工感到工作手册并非"强加于人"
B 接纳性	不受内容和用法的约束，从头到尾通读一遍，希望能够理解全部内容。该类型最擅长理解工作手册的功能并加以活用	容易按字面意思理解工作手册的内容，因此最好建立内容理解情况的确认机制
C 辨别性	比起顺从地接受，更容易从批判或评价的角度看待工作手册的内容	让员工把工作手册作为研究材料，考虑如何更出色地完成工作
D 扩展性	本身不需要工作手册。即使受到制度的制约，也会最先出格	将工作手册用于防止纠纷、打消疑问时效果较好
E 保全性	将工作手册视为侵犯自己世界的事物，产生抗拒反应。但如果整个组织都需要工作手册时，就会顺从地和大家保持一致	只发放工作手册没有效果。还应该让员工参加学习、培训，创造直接指导的机会，这样效果更好

© 人类逻辑研究所

四种类型组合出最强团队

◆ 人的性格可以分为四类

根据FFS理论，可以把人的性格进一步分成四种类型，接下来介绍每种类型的特点。

四类性格是这样划分的：

首先比较A凝聚性和B接纳性的数值哪一个更高。两个数值相等时，算作A更高。

然后比较D扩展性和E保全性的数值哪个更高。两个数值相等时，算作E更高。

于是，我们把A和B相比B的数值更高，并且D和E相比D的数值更高的性格类型称为BD型。以此类推，还可以划分出AD型、BE型和AE型等三种类型。

这种分类方法在分析不同人才的特征时非常实用。

BD型又名拖船型（Tugboat），用"TG"来表示。这种类型的人能够敏锐察觉到环境的变化，并且积极主动地冲锋陷阵，是擅于开拓业务、创建事业的"侦察员"。

AD 型又名领导型（Leadership），用"LM"来表示。这种类型的人具备精神力量、使命感、决策力和行动力，是善于掀起变革、扩大市场的"开路人"。

BE 型又名管理型（Management），用"ML"来表示。这种类型的人富有人情味，能够长期稳定地从事一项工作，是所有事业都不可或缺的"协调员"。

AE 型又名船锚型（Anchor），用"AN"来表示。这种类型的人能够忠实于自己的价值标准和规范，是在后方支援事业、维护企业稳定的"坚守人"。

◆ 个性类型不同，擅长领域也不同

假如让这四种类型的人去做销售，他们擅长的工作内容分别是什么呢？

拖船型人才"TG"擅长运用高超的信息收集能力和充沛的精力，接连不断地开拓新客户。

调动各类人才的积极性的不同方法

性格类型	调动积极性的正确方法及错误方法	
	正确的方法	错误的方法
TG（侦察员）	◎对行动的期待 ◎对个人的重视	◎限制行动 ◎引发危机感
LM（开路人）	◎尊重其价值观 ◎对行动的期待	◎否定价值观 ◎限制行动
ML（协调员）	◎对个人的重视 ◎委派协调工作	◎引发危机感 ◎表示期望
AN（坚守人）	◎尊重其价值观 ◎委派协调工作	◎否定价值观 ◎表示期望

©人类逻辑研究所

正确调动积极性

但另一方面,他们很容易厌倦,有时喜欢画大饼,可能无法把新客户推进到下一步流程。

这时就需要领导型人才"LM"出场,用他们的使命感和行动力来扩大拖船型人才开发出来的市场和销售业绩。

不仅如此,他们还具备一单接一单地不断签下高额项目和大型订单的能量。不过,他们也有不够灵活、过于强硬的一面,在维护客户方面做得不够得心应手。

于是,接下来就轮到管理型人才"ML"出场了。

面对客户的各种合理或不合理的要求,他们都能够细致入微地应对,由此获得客户的信任与青睐,加深客户和企业之间的关系。

最后是船锚型人才"AN"。

比起外勤工作,他们通常更擅长管理和维护客户资料,在后方支援业务的推进。面对竞争对手的进攻,他们还能发挥强项,帮助企业坚守住市场和客户。

由此可见,什么样的人才都可以做销售,不过每种人才最适合的工作内容和职责各有不同。

如果让销售团队的所有成员都去开拓新客户,团队便无法实现业绩的最大化。

不只是销售,这个道理还同样适用于研发和管理工作。

通常情况下,四类人才均衡地分配在各个部门是最理想

各类人才的培养方法

性格类型	自我学习	培养方法
TG（侦察员）	• 概念式学习 • 理解轮廓 • 标准化学习	• 大加赞赏且不加约束 • 只提示解决问题的要点
LM（开路人）		• 下放选择权 • 决不强加于人
ML（协调员）	• 叠加式学习 • 理解细节 • 均等化学习	• 学习阶段检查表 • 组织学习或培训 • 细致、温和、耐心
AN（坚守人）		• 下放选择权 • 组织学习或培训

© 人类逻辑研究所

ML（协调员）

的状态。倘若一个部门的员工过于集中在某一种类型，则有可能导致组织或团队的业绩明显过低，需要加以注意。

　　本书的"调动各类人才的积极性的不同方法"和"各类人才的培养方法"，可以供各位主管参考。

案例 提高团队战斗力的用人技巧

◆ FFS 理论这样用

接下来给大家介绍一个运用 FFS 理论成功地实现了团队目标管理的企业（P 公司）的案例。

P 公司在目标管理中设定了两种目标。

一种是需要每名员工独立完成的目标，即通常所说的个人目标；另一种是通过发挥个人强项为团队做贡献的目标。

下面的图表记录了 P 公司研发团队五名成员的 FFS 数据。

其中，A 和 B 擅长接纳、管理和协调周围的情况，属于接纳性和保全性强的管理型人才。

C 的辨别性数值很突出，达到 20 分，他非常冷静，具有追求逻辑性、合理性的特点。在问题分析方面无人能出其右。

D 虽然有些缺乏规范意识，但总能想出新奇的点子，是一名出色的智多星。而 E 富有热情、行动力和想象力，一看就是典型的体育社团的代表人物。

D 和 E 的扩展性数值都很高，分别达到了 18 分和 16 分。

P公司研发团队（FFS数据）

姓名	年龄	A 凝聚性	B 接纳性	C 辨别性	D 扩展性	E 保全性	S 压力
A	35	8	16	11	2	13	3
B	36	11	19	11	2	18	14
C	42	11	13	20	9	17	6
D	34	6	12	12	18	10	8
E	38	18	16	10	16	4	12

贡献度互评统计结果

	A	B	C	D	E
A		4	4	4	2
B	5		4	2	1
C	4	4		2	2
D	4	2	2		1
E	2	2	4	2	
合计	15	12	14	10	6
评价	S	B	A	C	D

◆ 制定能发挥员工强项的目标

在这五个人组成的团队中，怎样才能发挥每个人性格特点中的强项呢？

P公司制定了为团队整体做贡献的目标，由A和B负责与其他部门及公司外部的联络、计划进度管理等内部协调和行政事务，由D和E负责尽可能多地构思新方案，而这些方案由C来负责分析能否实现商品化。

除P公司以外，还有很多企业运用FFS数据了解并发挥团队成员的强项，成功地实现了目标管理。

如下表所示，P公司还会进一步在成员之间让他们相互评价彼此对团队的贡献度。

评价时，规定每个成员的自评分数为3分，对其他成员则依据其对团队的贡献度打1、2、4或5分。

不用说，除了贡献度互评之外，主管的评价也会按照一定的权重，反映到每位员工的工资和奖金当中。

此外，FFS理论还可以应用到各种形式的经营管理及人才运用领域当中（见后文"FFS理论在人才运用领域的应用"）。它最具有实用性而且最独到的地方在于，能够通过分析不同性格之间的关联性（心理距离）来组建具有较高生产效率的团队。

在 10 人以下的组织或团队中，每个人的力量都会对公司的业绩产生很大的影响。只要掌握了每一名下属的压力成因和正确的积极性调动方法，你的用人技术就会更上一层楼。

希望你坚持作为主管的信念，将下属的强项最大限度地激发出来。

相信在不远的将来，你的下属定会干劲越来越足，你的团队也会取得惊人的业绩。

FFS 理论在人才运用领域的应用

1. 灵活运用于招聘、分配、培训、激励等人事制度领域

2. 根据市场和客户的具体情况组建销售队伍

3. 组建业务开拓、研究开发等团队

4. 分析组织整体的性格特点和当前存在的问题

5. 在注重每名成员特性的目标管理制度中应用

6. 用于挖掘和培养下一代主管

7. 分析业绩突出的销售人员的性格因素,并在人才的招聘、培养和分配中加以应用

8. 用于压力管理中反映出的性格预测和应对措施

9. 用于通过自我教练实现自我扩展并达成目标

＊　＊　＊

读完本书，你是否明白了有些主管不会用人的原因，并且掌握了提高用人技术的方法呢？

在下属少于10人的小团队中，如果主管忽略每一名员工的个性，对所有人都采取一成不变的指导或关怀方式，那么他所付出的努力将得不到任何回报。

所以，请一定要首先掌握每名下属的性格类型，然后再以此为基础进行目标设定和压力管理。这样做保证你能成为10人以下小团队的用人高手。

只要用人得当，下属自然会热情高涨，团队的业绩也会得到提高。

"真不敢相信过去的我曾经为了如何用人而烦恼……"

在本书的最后，希望各位主管都能够迎来发出如此感叹的那一天，衷心祝愿你们尽早摆脱用人的烦恼，带出精英团队。

出版后记

几乎每个企业里都有这样的人。他们兢兢业业地奋斗在第一线，既要担负自己的业务工作，又要负责指导下属。他们为了工作尽心尽力，却很难取得光鲜漂亮的成绩，还经常要面对下属的埋怨和不满。

事实证明，一个团队，只有主管自己最努力是没用的！

如果主管对下属的工作感到不满意，如果下属对主管的指导有意见，那归根结底只能说明主管在用人方面做得还不够。

人事咨询专家堀之内克彦先生指出，领导人数较少的小团队最考验主管的用人能力。因为在小团队中，下属希望主管既要具备令人敬佩的人格魅力，还要具备带领团队取得成绩的工作能力。

本书从职责、心胸和气魄等角度出发，为小团队主管们提供了大量行之有效的方法和建议，还介绍了能够帮助主管提高下属工作热情、让下属人尽其才的性格分析理论。全书没有高屋建瓴的长篇大论，堀之内先生就像一位睿智而高效的朋友，使用简练平实的语言帮助小团队主管轻松解决用人过程中的种种困惑和难题。

　　服务热线：133-6631-2326　188-1142-1266
　　读者信箱：reader@hinabook.com

后浪出版公司
2016 年 10 月

图书在版编目（CIP）数据

10人以下小团队管理手册/（日）堀之内克彦著；程雨枫译.
—北京：北京联合出版公司，2017.5（2025.2重印）
ISBN 978-7-5502-9546-9

Ⅰ.①1⋯ Ⅱ.①堀⋯ ②程⋯ Ⅲ.①企业管理—组织管理学 Ⅳ.① F272.9
中国版本图书馆 CIP 数据核字 (2017) 第 009899 号

BUKANOTIKARAWO HIKIDASU 10NINMADENO HITODUKAI by Katsuhiko Horinouchi
Copyright ©Katsuhiko Horinouchi,2012
All rights reserved.
Original Japanese edition published by Asa Publishing Co., Ltd.
Simplified Chinese translation copyright© 2017 by Ginkgo (Beijing) Book Co., Ltd.
This Simplified Chinese edition published by arrangement with Asa Publishing Co., Ltd.,
Tokyo, through HonnoKizuna, Inc., Tokyo, and Bardon Chinese Media Agency

本书中文简体版权归属于银杏树下（北京）图书有限责任公司

10人以下小团队管理手册

著　　者：［日］堀之内克彦
译　　者：程雨枫
出 品 人：赵红仕
选题策划：后浪出版公司
出版统筹：吴兴元
特约编辑：郎旭冉
责任编辑：管　文
营销推广：ONEBOOK
装帧制造：墨白空间·曾艺豪

北京联合出版公司出版
（北京市西城区德外大街83号楼9层　100088）
天津中印联印务有限公司　新华书店经销
字数109千字　889毫米×1194毫米　1/32　6.5印张　插页4
2017年5月第1版　2025年2月第23次印刷
ISBN 978-7-5502-9546-9
定价：32.00元

后浪出版咨询（北京）有限责任公司　版权所有，侵权必究
投诉信箱：editor@hinabook.com　　fawu@hinabook.com
未经书面许可，不得以任何方式转载、复制、翻印本书部分或全部内容
本书若有印、装质量问题，请与本公司联系调换，电话010-64072833